DIE 4 SÄULEN DER HEILPFLANZEN FÜR EINSTEIGER

FUNDAMENT   PROZESS   **PORTRÄTS**   BEHANDLUNG

143 praktische Naturheilkunde-Techniken und Kräuterkunde-Hinweise.

Wie Sie mit Kräutern, Gewürzen und Wildbeeren alltägliche Beschwerden natürlich lindern

INGRID CLARKE

Inhaltsübersicht

Einführung

In diesem Buch stelle ich Ihnen die vier Säulen der Kräuterkunde vor, um Ihr Verständnis für dieses Thema zu prägen. Pflanzen können unserem Körper helfen, seine normale Funktionsweise wiederherzustellen, indem sie verschiedene Teile von uns stimulieren, unterstützen, einschränken und neu konditionieren. Die Kräuterkunde wird Ihnen auch helfen, Ihre Verbindung mit der Erde zu erkennen und eine vertrauensvolle Beziehung zur Natur aufzubauen.

Außerdem ist die Kräuterkunde tief in unseren Genen verwurzelt und kann, wenn sie klug eingesetzt wird, ein ausgezeichnetes Mittel zur Wiederherstellung des Gleichgewichts in unserem Körper sein. Im Hinblick auf die Gesundheit kann die Kräuterkunde Ihnen in schwierigen Zeiten zeigen, wie Sie die Harmonie zwischen den verschiedenen Elementen Ihres Wesens wiederherstellen können. In der Tat hat die Pflanzenheilkunde einen bemerkenswerten Einfluss, der dazu beitragen kann, Unstimmigkeiten wieder ins Lot zu bringen. Mit ihren therapeutischen Wirkungen arbeitet die Kräuterkunde auf harmonische Weise mit Ihrem Körper zusammen, um ein möglichst ausgeglichenes Ergebnis zu erzielen.

Inmitten der täglichen Belastungen und Pflichten vergessen wir oft, uns Zeit für die Selbstfürsorge zu nehmen. Berufliche und familiäre Verpflichtungen, Ängste, unerwartete Ereignisse und unvermeidliche Veränderungen im Leben können zur Krankheit führen und dazu, dass wir uns unglücklich fühlen und das Gefühl haben, dass wir nichts an unserem beeinträchtigten Zustand ändern können. Da ich in der Vergangenheit unter schwerem Burn-out gelitten habe und aus einer skandinavischen Familie mit neuheidnischen Wurzeln stamme, widmete ich mich dem Studium verschiedener Heilmethoden und sammelte Perlen der Weisheit aus metaphysischen Praktiken und okkulten Traditionen aus aller Welt. Als Empathin ist es meine Aufgabe, meine lebenslangen Erfahrungen und mein umfassendes Wissen aus jahrelanger Forschung mit denjenigen zu teilen, die Heilung brauchen.

Dieses Buch bietet einen einfachen Zugang zur Kräuterkunde. Die ersten beiden Kapitel geben einen Überblick darüber, wie Menschen Kräuter verwenden, um sich in schwierigen Zeiten besser zu fühlen, und informieren über Kräutertraditionen weltweit. Außerdem werden grundlegende Konzepte zur natürlichen Gesundheit und deren Integration in das eigene Leben vorgestellt. In den Kapiteln drei bis fünf wird tiefer in die Materie eingedrungen und untersucht, wie man Heilkräuter beschaffen, zubereiten und sicher handhaben kann. Im sechsten Kapitel werden die heilenden Eigenschaften von über 60 Pflanzen, Kräutern und Blumen vorgestellt, während das letzte Kapitel anfängerfreundliche Heilmittel für über 50 typische Gesundheitsprobleme auflistet. Dieses Buch gibt Ihnen als Anfänger alle Informationen, die Sie brauchen, um Ihre Reise in die Welt der Kräuterkunde anzutreten.

Da ich mit körperlichen und seelischen Schmerzen zu kämpfen hatte, habe ich immer nach Lösungen gesucht, um meinen Stress zu lindern und mein Wohlbefinden zu verbessern. Glücklicherweise öffneten sich mir die Augen für die zahllosen einfachen, aber wirkungsvollen Möglichkeiten der Kräuterheilkunde. Alle Forschungen und Techniken, die ich gefunden habe, sind in diesem Buch beschrieben. Durch diese pflanzlichen Heilmethoden gewann ich ein Gefühl von Komfort und Erleichterung. Jetzt kann ich mich, wenn ich mich bedrückt fühle, vertrauensvoll an die Kraft der Heilkräuter wenden. Außerdem hat mir dieses neu erworbene Wissen geholfen, meinen Körper besser kennenzulernen und die Ursache meiner Beschwerden zu erkennen. Ich fühle mich nicht mehr hilflos oder im Unklaren über meine körperliche und geistige Gesundheit. Stattdessen habe ich die Kontrolle über meine Genesung und mein Wohlbefinden übernommen. Außerdem hat mir dieses Buch einen Einblick in die vielfältigen und einfachen Techniken der Kräuterheilkunde gegeben. Es gibt mir die Gewissheit, dass ich persönlich von Heilkräutern profitieren kann. Wenn ich nun mit körperlichem oder geistigem Stress konfrontiert werde, kenne ich die verfügbaren Lösungen. Mein neu erworbenes Wissen hilft mir auch, mich selbst, meinen Körper und die Quelle meiner Beschwerden zu verstehen; vor allem aber kann ich kontrollieren, wie ich mich fühle.

Das Ziel dieses Buches ist es, Sie auf Ihrer heilsamen Reise zur Selbstfürsorge zu unterstützen. Es ist jedoch nicht dazu gedacht, ärztliche Empfehlungen zu ersetzen. Stattdessen bietet es eine andere Perspektive auf die Medizin und hilft Ihnen, Heilpflanzen in Ihr Leben zu integrieren, wenn die Situation es ermöglicht. Dieses Buch bietet Ihnen alle Anleitungen, die Sie brauchen, damit Sie sich besser um sich selbst kümmern können und ein Gefühl der Selbstbestimmung erlangen. Mit seinen verschiedenen Wegen in der Welt der Pflanzenheilkunde wird es Ihr Wegweiser zu mehr Selbstständigkeit und Selbstvertrauen sein.

Insgesamt zielt dieses Buch darauf ab, das uralte Wissen der Kräuterkunde für jeden zugänglich und verständlich zu machen, der daran interessiert ist, es zu entdecken. Durch die Vereinfachung und Gliederung der Informationen habe ich ein Hilfsmittel geschaffen, das einen effizienten Weg zum Erlernen der Kräutermedizin bietet. Mit etwas Bildung können Sie beginnen, sich mithilfe der Heilkraft von Kräutern selbst zu versorgen, und Sie werden vielleicht feststellen, dass Ihre Beschwerden weniger chronisch werden oder sogar ganz verschwinden. Ebenso werden Schmerzen, die Sie jahrelang geplagt haben, nachlassen, Sie werden neu belebt und können sich auf Ihre allgemeine Gesundheit und Ihr Wohlbefinden konzentrieren. Wenn Sie dieses Buch zu Ende gelesen haben, werden Sie die Gewissheit haben, dass Sie für Ihre Gesundheit eine bessere Vorsorge treffen und auch über eine bessere Notfallversorgung verfügen können.

Das Erreichen des Gleichgewichts und die Wiederherstellung der Verbindung mit der Natur sind die Leitprinzipien hinter meinen Techniken und Strategien, um sich die Kraft der Kräuterkunde zu erschließen. Mit vielen alten Heilmitteln, die in diesem Buch besprochen werden, können Sie Tausende von Jahren an Weisheit nutzen, um sich wieder mit Ihrem Körper zu verbinden. In jedem Kapitel dieses Buches lernen Sie eine andere Theorie und Technik kennen, die Sie auf Ihrer Reise durch die Pflanzenheilkunde anwenden können. Sie lernen alternative Wege kennen, wie Sie mithilfe von Heilkräutern für sich selbst und Ihre Lieben sorgen und gleichzeitig Ihre Unabhängigkeit und Selbstversorgung fördern können.

Säule 1
Fundament

Angesichts des ständig wachsenden Interesses an der Kräuterkunde und der alternativen Medizin ist es an der Zeit, ihre Wurzeln zu ergründen. In dieser Säule werden die Definition, die Geschichte und die Entwicklung der Kräuterkunde sowie die verschiedenen weltweiten Traditionen auf diesem Gebiet erläutert. So wird im ersten Kapitel erörtert, was Kräuterkunde ist, während im zweiten Kapitel die afrikanische Volksmedizin, die Unani-Medizin, die traditionelle indische Medizin, das europäische Erbe, die mesoamerikanische Medizin, die traditionelle chinesische Medizin und die Medizin der Irokesen behandelt werden. Am Ende dieser Diskussion werden Sie über genügend Informationen verfügen, um zu entscheiden, ob Kräuterkunde das Richtige für Sie ist, und um Ihre nächsten Schritte zu verstehen.

1

Definition

Die Praxis der Kräuterkunde existiert seit Jahrtausenden und ist somit neben der modernen Medizin fest etabliert. In diesem Kapitel werden wir die Kräuterkunde definieren, die Geschichte ihrer Anwendung untersuchen und Ähnlichkeiten zwischen der Kräutermedizin und der modernen Medizin herausarbeiten, um die historische Bedeutung der Kräuterkunde in der medizinischen Kultur zu verstehen.

Was ist Kräuterkunde?

Kräuterkunde kann definiert werden als *„eine traditionelle medizinische oder volksmedizinische Praxis, die auf der Verwendung von Pflanzen beruht"* (Wiki Contributors, 2021). Bei diesen Therapien werden therapeutische Mittel und allopathische Arzneimittel zur Behandlung von Krankheiten eingesetzt. Die Kräuterkunde oder Pflanzenheilkunde umfasst oft auch organische Produkte wie Pilze und Bienenprodukte. Viele Menschen aus unterschiedlichen Kulturen suchen diese Naturprodukte zur Heilung an verschiedenen Orten auf. Andere Materialien wie Mineralien, Muscheln oder tierische Nebenprodukte werden ebenfalls in der Kräuterkunde verwendet. Ebenso sind organische Stoffe in der Kräuterkunde von wesentlicher Bedeutung, um die Gesundheit zu fördern, bei gesundheitlichen Problemen zu helfen und die allgemeine Gesundheit zu erhalten. Auch Kräuter und Gewürze, die zum Würzen von Speisen verwendet werden, haben medizinische Eigenschaften, da sie antimikrobielle Fähigkeiten besitzen, die zur Bekämpfung von Krankheitserregern in Lebensmitteln genutzt werden können. Indem wir diese organischen Stoffe verstehen und nutzen, ermöglicht uns die Kräuterkunde, natürliche Heilmittel zu verwenden, um uns und unsere Tiere zu pflegen.

Heilpflanzen sind oft reich an Sekundärmetaboliten wie Tanninen und Alkaloiden. Diese Chemikalien haben oft antivirale, antibakterielle und antimykotische Eigenschaften und werden in verschiedenen medizinischen Bereichen eingesetzt. Sie können auf unterschiedliche Weise verwendet werden. Die Aromatherapie ist eine Form der Kräuterkunde, bei der aus Kräutern gewonnene Öle zur Entspannung und leichten Linderung eingesetzt werden. Auch in der indischen Kräuterkunde, im Ayurveda und in der chinesischen Kräuterkunde wird eine gute Gesundheit durch das Gleichgewicht von Körper und Geist gefördert. Wie man sieht, bietet die Kräuterkunde viele Formen der Linderung, bei denen Pflanzenblätter, -stängel, -blüten, -samen, -rinden und -früchte zum Einsatz kommen. Kräutermedizin heilt nicht nur Krankheiten, sondern kann auch dazu beitragen, künftige körperliche Beschwerden zu vermeiden. Die Kräuterkunde bietet auch gute Alternativen zu allopathischen Mitteln. Schätzungsweise 88 % der Weltbevölkerung integrieren pflanzliche Heilpraktiken in ihr tägliches Leben *(Weltgesundheitsorganisation,* o. D.*)*. Welche Kräuter für häufige Krankheiten verwendet werden, hängt von den verfügbaren Pflanzen im jeweiligen Gebiet ab.

Zum Beispiel kann die Kräuterkunde in Feuchtgebieten völlig anders aussehen als in trockeneren Gebieten. Auch hängt die Frage, welche Kräuter am häufigsten verwendet werden, davon ab, welche Krankheiten in diesen Gebieten am ehesten auftreten. In einigen Fällen lassen sich Krankheiten mit Kräuterheilmitteln besser behandeln als mit allopathischen Mitteln. Alternative Arzneimittel werden häufig aus Pflanzen und Kräutern extrahiert und zu Extrakten, Pillen, Sirup oder Pulver verarbeitet. Im modernen Zeitalter sind sie so weit kommerzialisiert worden, dass man Kräuterheilmittel in jeder Drogerie kaufen kann. Kräuterkundige hingegen diagnostizieren Probleme zunächst, indem sie Gespräche führen, um die zu behandelnden Symptome zu ermitteln. Danach erst wird ein Kräuterheilmittel in der erforderlichen Dosierung empfohlen. Es sollte nur die empfohlene Dosis eingenommen werden, um schlechte Nebenwirkungen durch Überdosierung zu vermeiden.

Inzwischen werden getrocknete Kräuter und Blätter von Pflanzen oft den frischen vorgezogen, da getrocknete Kräuter wirkstoffreicher sind. Dazu werden diese Pflanzen in der Regel in einem gut belüfteten, schattigen und kühlen Raum aufgehängt. Die Sonne neigt dazu, diese Pflanzen auszutrocknen und ihnen Öle zu entziehen, wodurch ihnen ihre heilende Wirkung genommen werden kann. Wurzeln von Pflanzen hingegen müssen vor dem Trocknen gereinigt und zerkleinert werden. Sie werden in Glasgefäßen und nichtmetallischen Behältern an einem kühlen, trockenen Ort aufbewahrt, bis sie gebraucht werden. Selbst zubereitete Arzneitees zu guter Letzt sind die beste Art, Kräuterheilmittel zu konsumieren. Die Kräuter werden mit kochendem Wasser übergossen, um einen starken Tee zu brauen. Kommerzielle Versionen dieser Tees haben dagegen nur einen Bruchteil der heilenden Eigenschaften.

Die Geschichte der Kräuterkunde

Es wurde festgestellt, dass die Erforschung von Kräutern bis zu 5.000 Jahre zurück zu den Sumerern reicht *(Wiki Contributors, 2021)*. Die Sumerer nutzten die Kräuterkunde, indem sie Heilpflanzen wie Lorbeer, Kümmel und Thymian verwendeten. Außerdem wurde festgestellt, dass die Ägypter im Laufe der Geschichte neben anderen Kräutern auch Knoblauch, Rizinusöl, Koriander und Minze für medizinische Zwecke verwendeten. Der erste aufgezeichnete Text der chinesischen Kräuterkunde kann auf etwa 2700 v. Chr. datiert werden und listet fast 365 Pflanzen und ihre Verwendungsmöglichkeiten auf *(Wiki Contributors, 2021)*. Zu diesen Pflanzen gehörte auch Ma-Huang, ein Strauch, aus dem das moderne Medikament Ephedrin gewonnen wurde. Die moderne Medizin verwendet diese Droge noch immer, um niedrigen Blutdruck während der Narkose zu verhindern. Auch die Griechen und Römer waren dafür berühmt, dass sie sich der Heilkräuter bedienten. Die entsprechenden Praktiken wurden von Ärzten wie Hippokrates und Galen aufgezeichnet und die westliche Medizin bezog sich später darauf. Galen verfasste auch die erste europäische Abhandlung über die Eigenschaften und Verwendung von Heilpflanzen, was der europäischen Kräuterkunde im Laufe der Zeit sehr zugutekam.

Die Einstellung zur Kräuterkunde im Mittelalter änderte sich mit der Etablierung der christlichen Kirche, die von der Ausübung von Kräuterkunde und medizinischer Heilung abriet. Dennoch bewahrten griechische und römische Praktiker medizinisches Wissen in Klöstern auf, die später zu Zentren für Medizin und medizinisches Fachwissen wurden. Klöster legten oft Kräutergärten an, um leichte Krankheiten und Störungen zu behandeln. In den Dörfern wuchs die Kräuterkunde weiter, um die örtlichen Kräuterkundigen mit Heilmitteln zu versorgen.

Im 11. Jahrhundert waren die Araber in der Wissenschaft der Medizin weiter fortgeschritten als die Europäer. Sie importierten Kräuter aus anderen Ländern wie China und Indien und eigneten sich an medizinischen Schulen Kenntnisse an, die auf Galens System und Lehren beruhten. Dies hatte großen Einfluss auf die westliche Medizin. Gleichzeitig fand die Volksmedizin weite Verbreitung, was im 15. Jahrhundert dank der Erfindung des Buchdrucks zu zahlreichen Veröffentlichungen von Kräuterkundigen führte. So erlebte die Kräuterkunde im 15., 16. und 17. Jahrhundert einen Aufschwung; Kräutertexte waren nun in Englisch, Deutsch, Latein und Griechisch verfügbar.

Grete Herball, der erste englische Kräutertext, wurde 1526 anonym veröffentlicht. John Gerards *The Herball or General History of Plants*, das 1597 veröffentlicht wurde, und Nicholas Culpepers *The English Physician Enlarged*, das 1653 erschien, waren wichtige Werke dieser Zeit. Gerards Buch war jedoch ein Plagiat eines belgischen Textes namens *Dodoens*, und er verwendete auch deutsche botanische Werke als Referenzmaterial für seine Kräuterabbildungen. Culpepers Publikation hingegen verband die Kräuterkunde mit Astrologie und Folklore und wurde von einigen Fachleuten wegen seines Rückgriffs auf den Mystizismus belächelt.

Das Zeitalter der Entdeckungen und des kolumbianischen Austauschs führte zur weitverbreiteten Verwendung von Heilpflanzen in Europa. In dieser Zeit wurde *das Badianus-Manuskript*, die erste Kräuterschrift, aus dem Aztekischen ins Lateinische übersetzt. Im 2. Jahrtausend begann der Einfluss der Kräuterkunde zu schwinden. Dies ebnete den Weg für moderne Ärzte, die auf rezeptfreie Medikamente zurückgriffen, und führte zur Entwicklung der Wissenschaften der Chemie in der modernen Medizin.

Außerdem wurden verschiedene Heilkräuter von den alten Indern, Chinesen und Europäern entdeckt und im Laufe der Geschichte zur Heilung von Krankheiten verwendet. Diese Praktiken wurden über Generationen hinweg anhand historischer Texte weitergegeben. In der indischen Tradition haben sich Kräuterkundige in Urwälder begeben, um die 1.100 dort wachsenden Heilpflanzen zu nutzen *(Watt & Hayes, 2013)*. Fast 60 dieser Gattungen wurden dort, wo sie auf natürliche Weise und ohne Landwirtschaft angebaut wurden, zur Heilung von Beschwerden und Krankheiten verwendet. Inzwischen hat die Nachfrage nach Heilkräutern in China zu staatlichen Kontrollen der Forschung und Entwicklung dieser Pflanzen geführt. Solche Pflanzen werden in kontrollierten Gebieten angebaut, in denen es allein über 600 Pflanzenarten für medizinische Zwecke gibt *(Watt & Hayes, 2013)*. Dieses System von Kräuterheilpraktiken wurde mithilfe einer Wissensdatenbank, Beobachtungen, klinischen Studien und Experimenten über mehrere Jahre hinweg aufgebaut. Infolgedessen hat es zu einer nachhaltigen Industrie der Kräuterkunde geführt. Akupunkteure und die kommerzialisierte fernöstliche Medizin haben dies weiter popularisiert.

In der chinesischen Kräuterkultur sind natürliche pflanzliche Heilmittel das Mittel der Wahl bei fast allen gesundheitlichen Beschwerden. Kleinere Beschwerden wie Verdauungsprobleme, Husten, Grippe, leichte Kopfschmerzen und Hautausschläge werden oft mit Kräuterheilmitteln behandelt. Dies geschieht durch eine Reihe von biochemischen Reaktionen im Körper, die durch Pflanzenchemikalien ausgelöst werden. Die amerikanischen Ureinwohner haben z. B. oft die innere Rinde von Weidenbäumen gekaut, um leichte Kopfschmerzen und andere Schmerzen zu behandeln. Die in der Rinde enthaltene Salicylsäure ist ein Wirkstoff, der Kopfschmerzen lindert und als natürliches Aspirin betrachtet werden kann. Die Silber-Weide wurde auf die gleiche Weise als mildes Mittel gegen Kopfschmerzen, Arthritis und Schmerzsymptome eingesetzt. Die richtige Dosierung dieser Mittel sollte jedoch in Kräuterhandbüchern nachgelesen werden, um eine Überdosierung zu vermeiden.

In Indien und China wird die Kräutermedizin jedoch häufig ohne Rücksprache mit qualifizierten Ärzten eingesetzt. Da sie nur wenige Nebenwirkungen hat, wenn sie in die Ernährung integriert wird, bietet sie zugängliche und erschwingliche Therapiemittel in Gebieten, in denen allopathische Medizin nicht verfügbar ist. Diese Heilmittel haben auch eine wichtige Rolle bei der Verbesserung der Gesundheitsversorgung gespielt und wurden mit allopathischen Behandlungen kombiniert, um die Symptome chronischer Krankheiten zu lindern.

Kräutermedizin versus moderne Medizin

Im Laufe der Geschichte wurden Heilpflanzen zur Behandlung von Krankheiten der einheimischen Bevölkerung eingesetzt. Durch die Beobachtung von Tieren, die bei Krankheit nach Heilpflanzen suchen, konnten die Menschen mit verschiedenen Pflanzen experimentieren, ohne sich zu vergiften. Infolgedessen haben Stammesgemeinschaften über Generationen hinweg Zugang zum Wissen über Heilpflanzen erhalten, was zur Entwicklung der Kräuterkunde und zur Ausbildung von Kräuterkundigen geführt hat. In ähnlicher Weise wenden Feldbiologen dieselbe Technik bei der Untersuchung von Schimpansen an. Es wurde beobachtet, dass die Tieflandschimpansen häufig Ingwerpflanzen als antimikrobielles Mittel gegen Infektionen konsumieren. Diese konnten dann genutzt werden, um die Kräuterkunde in die moderne Medizin zu integrieren. Es besteht jedoch immer noch die Möglichkeit, dass eine für Tiere ungiftige Pflanze für den Menschen schädlich oder giftig ist. Zum Beispiel können Koalas Eukalyptus verdauen, die meisten Tiere jedoch nicht. Auch dieses Wissen wurde weitergegeben, um die Kräuterkunde so zu entwickeln, wie sie heute bekannt ist.

Kräutermedizin in der Neuzeit

Bei der Untersuchung der Kräuterkunde des Mittelalters hat eine deutsche Forschergruppe mittelalterliche Medizin und moderne Wissenschaft in die medizinische Praxis integriert. Der Medizinhistoriker Dr. Johannes Mayer hat erforscht, wie die in mittelalterlichen Texten beschriebene traditionelle Kräutermedizin heute bei der Behandlung von Krankheiten wie Krebs angewendet werden kann. Dieses Projekt hat die Unterstützung von Pharmaunternehmen wie GlaxoSmithKline gewonnen und zeigt, wie wirksam die Kräutermedizin in der modernen Behandlung ist *(Watt & Hayes, 2013)*.

Während seiner Forschungen an der Universität Würzburg hat Dr. Mayer Klosterhandschriften aus dem 8. Jahrhundert herangezogen, um die Kräuterkunde zu untersuchen. Über die letzten Jahre hat er Informationen über pflanzliche Heilmittel für verschiedene Beschwerden übersetzt und veröffentlicht, wobei er detailliert darlegt, was mit den jeweiligen Mitteln behandelt werden soll. Auf diese Weise hat er die Kräuterkunde in die moderne Zeit integriert. In seine Arbeit sind nicht nur historische Texte eingeflossen, sondern er hat sich auch auf die moderne Wissenschaft gestützt, um seine Erkenntnisse zu untermauern. Die physiologischen Wirkungen von pflanzlichen Heilmitteln wurden mittels wissenschaftlicher Methoden untersucht. Mit finanzieller Unterstützung von GlaxoSmithKline sucht die Forschergruppe nun aktiv nach modernen Heilmitteln, die sich aus der mittelalterlichen Klosterweisheit ableiten lassen. Dank der unschätzbar wertvollen Texte der Kräuterkundler wurden außerdem Mittel gegen Erkältungen entwickelt und kommerziell vertrieben. Dieser Erfolg hat dazu geführt, dass sich die Gruppe vergrößert hat und weitere pharmazeutische Unternehmen als Partner hinzugekommen sind, was zu einer Zusammenarbeit mit dem Universitätsklinikum Würzburg geführt hat.

Der Umfang der Forschung hat sich von Pflanzen, die in Klöstern im 8. und 12. Jahrhundert dokumentiert wurden, auf die gesamte Geschichte der Heilpflanzen in Europa ausgeweitet, die auf ihre medizinischen Eigenschaften untersucht werden. Die aus dieser Erweiterung resultierenden Erkenntnisse konnten die moderne Medizin erheblich beschleunigen und zur Unterstützung der Behandlungen in der westlichen Medizin eingesetzt werden. Darüber hinaus beziehen Dr. Mayer und seine Teams aktuelle medizinische Forschungspraktiken ein, wie das Testen pflanzlicher Inhaltsstoffe in den Labors des Universitätsklinikums Würzburg oder seiner Partner-Pharmaunternehmen, um heilende physiologische Eigenschaften zu identifizieren. So haben z. B. die Wissenschaftler der Hals-Nasen-Ohren-Abteilung des Klinikums diese Erkenntnisse genutzt, um Heilmittel gegen Ohrenkrebs zu finden. Wenn sich diese als erfolgreich erwiesen haben, werden sie in klinische Studien aufgenommen und könnten nach Erfüllung bestimmter gesetzlicher Anforderungen zu neuen Medikamenten verarbeitet werden. Auf diese Weise hat die Kräuterkunde wieder Eingang in die moderne medizinische Praxis gefunden.

Viele moderne multidisziplinäre Techniken wurden in Dr. Mayers' Forschung zur mittelalterlichen Kräuterkunde einbezogen. Diese Techniken wurden von einem Team aus Medizinhistorikern, klassischen Philologen, Chemikern, Biologen und Pharmazeuten entwickelt. Um die medizinischen Praktiken mittels eines multidisziplinären Ansatzes zu erforschen, wurden die Texte der Kräuterkundler zunächst auf Arabisch verfasst und später ins Lateinische übersetzt. Diese Informationen wurden von antiken griechischen Autoren wie Aristoteles weiter bewahrt, was sie noch wertvoller machte. Da es im frühen Mittelalter an europäischer Literatur zur Kräuterkunde mangelte, stützte sich die Forschung weitgehend auf Werke außereuropäischer Autoren. Erst im 11. Jahrhundert, als arabische Texte ins Lateinische übersetzt wurden, tauchten viele neue Pflanzen in der europäischen Medizin auf. Ein Beispiel dafür ist Galgant, eine Pflanze, die häufig zur Behandlung von Atemwegsbeschwerden eingesetzt wird und als mildes Entspannungsmittel verwendet werden kann. Obwohl diese Pflanze in Teilen Europas heimisch ist, wurde sie erst nach der Übersetzung arabischer Kräutertexte in der europäischen Kräutermedizin-Praxis verwendet. Zu dieser Zeit war die Klostermedizin an den Universitäten führend; dies änderte sich erst, als arabische Kräutertexte übersetzt wurden. Danach verlor die Klostermedizin ihren festen Platz in der europäischen Gesellschaft, und professionelle Ärzte übernahmen die Führung der modernen Medizin.

Das Wiederaufleben der Klostermedizin erfolgte im 16. Jahrhundert, als Missionare Amerika erkundeten. Sie interessierten sich für die Kräuterkunde der amerikanischen Ureinwohner und die Heilpflanzen Mittel- und Südamerikas und brachten ihre Entdeckungen nach Europa zurück. In der Neuzeit hat die Forschergruppe von Dr. Mayer mit der Medizinbranche und den Klöstern zusammengearbeitet, um einzigartige Kräuterpflanzen, die in den Klostergärten für Tees und Salben verwendet werden, in die moderne Medizin zu integrieren. Darüber hinaus hat Dr. Mayer die Kräutermedizin in die modernen Praktiken einbezogen, indem er im Kloster Oberzell Kräuterkurse für die Öffentlichkeit abhielt, in denen Teilnehmer pflanzliche Arzneimittel erforschten. Dies hat zu zusätzlichen Finanzmitteln für die Forschungsgruppe geführt.

2

Globale Traditionen

Die Kräutermedizin ist nicht isoliert; sie verändert sich oft mit der Zeit, der Verfügbarkeit und der Kultur. Die Gesundheitsfürsorge kann als etwas Politisches angesehen werden. Wenn Menschen Heilmittel für ihre Beschwerden benötigen, greifen sie oft auf soziale oder kulturelle Mittel zurück, um sie zu erhalten. So ist es nicht verwunderlich, dass die globale Tradition der Medizin in afrikanischen, arabischen, indianischen, europäischen, mesoamerikanischen, traditionellen chinesischen und irokesischen Kulturen nicht genau dieselbe ist. In diesem Kapitel werden wir diese Traditionen untersuchen.

Die afrikanische Volksheilkunde

Die afrikanische Volksmedizin lässt sich bis ins Jahr 1619 zurückverfolgen, also in die Zeit des Sklavenhandels in den Vereinigten Staaten *(Fletcher, 2020)*. Auch die Gesundheitsversorgung für versklavte Menschen war in dieser Zeit oft eingeschränkt, und diese begrenzten Möglichkeiten führten zur Entwicklung der afrikanischen Volksmedizin. Ebenso waren die versklavten Menschen in dieser Zeit einer härteren medizinischen Behandlung durch weiße Ärzte ausgesetzt, was zur Selbstbehandlung durch Freunde und Kräuterheiler führte. In der afroamerikanischen Volksheilkunde führte außerdem die Unfähigkeit eines Allgemeinmediziners oder Arztes, ein Heilmittel zu finden, dazu, dass Kräuterheilmittel ver-

25

wendet wurden. In einigen Fällen wurde auch auf die afrikanische Volksmedizin zurückgegriffen, weil allopathische Behandlungsformen die Symptome bestimmter Krankheiten verschlimmerten.

In der afroamerikanischen Volkstradition werden Krankheiten oft in natürliche und unnatürliche Krankheiten eingeteilt. Wie bereits erwähnt, sind natürliche Krankheiten von der Natur vorherbestimmt, während künstliche Krankheiten gegen deren Gesetze oder den Willen Gottes verstoßen. Psychische Probleme, Stress und Ängste können diese Krankheiten verursachen. Sie können auch mit physischen oder spirituellen Quellen verbunden sein, sodass es schwierig ist, ihre Ursachen zu bestimmen. Die Behandlung hängt von der Ursache der Krankheit und ihrer Art ab. Wenn jedoch neue Informationen entdeckt werden, wird die Behandlungsstrategie überarbeitet und von traditionellen Heilern, die mit der medizinischen Versorgung ihrer Gemeinschaft betraut sind, entsprechend angewandt. Spirituelle Heiler können verschiedene Titel tragen, z. B. *sangomas* in der südafrikanischen Kultur, *akomfo* in der ghanaischen Kultur oder *mugwenu* in Tansania. Um erkannt zu werden, tragen sie in der Regel Stirnbänder sowie Federn und bemalen ihre Augen mit einheimischer Kreide.

Viele afrikanische Volksheilkundetraditionen sind eng mit der Vorstellung verbunden, dass bestimmte Pflanzen positive therapeutische Eigenschaften besitzen. Der Glaube an diese Vorstellung ist mit den Praktiken traditioneller Heiler verschmolzen und bietet eine Möglichkeit zur natürlichen Behandlung von Krankheiten. Die volkstümliche afrikanische Heilkunde umfasst daher drei Ebenen: *Wahrsagerei, Spiritualität und Kräuterkunde.* So werden Krankheiten mithilfe von Wahrsagerei, Beschwörungen und Kräuterkunde physisch und spirituell behandelt. Traditionell stützt sich die afrikanische Kräuterkunde für Heilung und Schutz in hohem Maße auf den Einfluss der Ahnen und des Übernatürlichen. Diese Durchführung von spiritueller Heilung hat dazu geführt, dass in der afrikanischen medizinischen Praxis der Geist geheilt werden kann. Im Gegensatz dazu haben sich die Heiler des Körpers auf pflanzliche Heilmittel verlassen, wobei Krankheiten auch mithilfe von Mineralien und Tierprodukten geheilt werden. Die Kräutermedizin wurde auch zusammen mit übernatürlichen Kräften zur Heilung eingesetzt, um einen ganzheitlichen Ansatz für die medizinische Praxis zu schaffen.

Die traditionelle Medizin beseitigt nicht nur Krankheiten, sondern zielt auch auf deren Vorbeugung ab. Diese Praktiken werden in der Regel traditionell an Eingeweihte weitergegeben, die die afrikanischen Volkstraditionen weitertragen. In der Kolonialzeit waren diese konventionellen Heilmittel oft mit einem Stigma behaftet. Sie wurden als minderwertig gegenüber der westlichen Medizin angesehen und in anderen Ländern sogar geächtet. Nichtsdestotrotz blühte die afrikanische Volkskräuterkunde auf. Die Methoden der afrikanischen Volksmedizin sind je nach Region sehr unterschiedlich. Die Kräuter werden oft frisch oder getrocknet verwendet und können wie folgt zubereitet werden:

- **Extraktionen.** Mit einem Lösungsmittel wird ein Kräuterheilmittel in einem bestimmten Gewicht-Volumen-Verhältnis zusammengerührt. Während dieses Prozesses verdampft das Lösungsmittel oft.
- **Aufgüsse.** Frische Drogen oder Kräuter werden kurz zerkleinert. Dann wird die Kräutermischung in kaltes oder heißes Wasser gegeben. Dieser Mischung kann Honig zugesetzt werden, um den Verderb zu verhindern.
- **Abkochungen.** Werden durchgeführt, um Wirkstoffe aus holzigen Pflanzenteilen zu extrahieren, indem diese in Wasser gekocht werden. Dies geschieht in der Regel über einen längeren Zeitraum. Danach wird die verbleibende, konzentrierte Mischung gefiltert. Zusätzliche Konservierungsmittel wie Pottasche sollen die Wirkstoffe extrahieren und die Mischung konservieren.

Die Unani-Medizin

Die Unani-Medizin, auch bekannt als *Tibb*, ist eine in Indien beheimatete medizinische Praxis unter dem Einfluss der griechisch-arabischen Medizin-Lehren. Diese Lehren wurden aus griechischen Texten ins Arabische übersetzt und stammen von griechischen Ärzten wie Hippokrates, Galen und anderen arabischen Ärzten. Das Hauptziel der Unani-Medizin ist das Erreichen von Gleichgewicht und Ausgeglichenheit im Körper, die in drei Kategorien unterteilt werden: *Temperamente, Organe und vier Arten von Körpersäften*. Diese Behandlungsform wurde in Indien seit dem 11. Jahrhundert immer beliebter und ist heute weitverbreitet. In der Zwischenzeit wurden medizinische Praktiken griechischen Ursprungs, wie die des Hippokrates, von den Arabern während der mongolischen Invasionen in Zentralasien und Persien nach Indien gebracht. In dieser Zeit des Umbruchs flüchteten ihre Gelehrten nach Indien und brachten neues Wissen mit.

Die Unani-Medizin wurde zwischen dem 13. und 17. Jahrhundert im ganzen Land verbreitet, als die Unani-Mediziner die indische Kräuterkunde übernahmen. Der Arzt Hakim Ajmal Khan *(1868-1927)* setzte sich für diese Praxis ein, was zur Gründung des Ayurvedic and Unani Tibbia College in Delhi führte *(Poulakou-Rebelakou et al., 2015)*. Das System der Unani-Medizin florierte nach der Unabhängigkeit Indiens. Im Jahr 1946 genehmigte das Gesundheitsministerium die Entwicklung der Ayurveda- und Unani-Medizin durch Forschung und Lehre in Bildungseinrichtungen *(Poulakou-Rebelakou et al., 2015)*. Einige Jahre später, im Jahr 1969, wurde von der indischen Regierung ein Zentralrat für Forschung in indischer Medizin und Homöopathie eingerichtet. Dieser widmet sich verschiedenen Disziplinen, wie Naturheilkunde, Homöopathie, Yoga, Unani-Medizin, Ayurveda und Siddha. Diese Bemühungen wurden von der Weltgesundheitsorganisation (WHO) unterstützt und werden auch heute noch von der WHO befürwortet.

Im Jahr 1978 wurden die philosophischen Grundlagen und die praktische Anwendung der Unani-Medizin untersucht. Diese von der indischen Regierung unterstützte Forschung führte dazu, dass Krankenhäuser und Forschungszentren die Kräuterkunde verstärkt unterstützten. In der Folge wurde das Unani-System eingeführt, um die Nachfrage nach Gesundheitsleistungen zu decken. Heute stehen den Bürgern Indiens mehr als hundert kostenlose Krankenhäuser und 900 Apotheken mit insgesamt mehr als 30.000 Fachkräften zur Verfügung.

Wie bereits erwähnt, besteht die Unani-Medizin aus fünf Grundprinzipien, wie:

1. Elemente (arkan)
2. Temperament (mizaj)
3. Körpersäfte (akhlat)
4. Geist (ruh)
5. Natur (tabiat).

Nach dem Unani sind Elemente kleinere materielle Teile, die oft identische Formen, Merkmale und Eigenschaften haben. Diese Komponenten stammen aus den Konzepten der ionischen Philosophen von Wasser, Feuer, Luft und Erde, während die indischen Philosophen an aab (Wasser), aatish (Feuer), bad (Luft), khak (Erde) und akasha (Himmel) glauben. Die arabische Philosophie geht davon aus, dass Wasser, Luft und Erde die drei Kernelemente sind. Von den 92 natürlichen Elementen sind 80 im menschlichen Körper nachweisbar; ihr Vorhandensein ist entscheidend für sein gesundes Funktionieren. Daher kann ihr Fehlen laut der Unani-Medizin zu gesundheitlichen Problemen führen.

Außerdem führt in der Unani-Medizin das Temperament oder „mizaj", das Gleichgewicht der Körpersäfte, zu Gesundheit (eukrasia) und zum Ausgleich von Krankheit (Ungleichgewicht). Es wird gesagt, dass der Körpersaft das Temperament und den Charakter steuert. Die Persönlichkeit eines jeden Menschen wird durch seinen Körpersaft und die vorherrschenden Elemente bestimmt. Diese Körpersäfte können wie folgt kategorisiert werden:

- Prävalenz von Blut (warm und feucht) – Sanguiniker (dam)
- Prävalenz von Schleim (kalt und feucht) – Phlegmatiker (balgham)
- Prävalenz von gelber Galle (warm und trocken) – Choleriker (safra)
- Prävalenz von schwarzer Galle (kalt und trocken) – Melancholiker (sawda).

Diese Humorallehre leitet sich von den hippokratischen Prinzipien ab, die besagen, dass die vier Körpersäfte *(Blut, Schleim, gelbe Galle und schwarze Galle)* im Körper ausgeglichen sein müssen, um die Gesundheit zu erhalten. Im Unani werden Krankheiten nach dem prävalenten Körpersaft klassifiziert. Dieser Körpersaft wird als Ursache der Krankheit oder Störung angesehen.

In der Unani-Medizin ist das Konzept des Geistes oder „ruh" mit der Vorstellung einer Seele oder „nafs" verbunden. Diese spirituelle Verbundenheit ist philosophisch und religiös bedeutsam und die beiden Konzepte gelten auch als mit dem physischen Körper verwoben. Diese Verbindung ist von entscheidender Bedeutung für einen gesunden Stoffwechsel und somit auch für ein positives geistiges Wohlbefinden.

Zu guter Letzt heißt es im Unani in der Theorie der Natur oder tabiat, dass das humorale Gleichgewicht durch Selbstermächtigung und Selbsterhaltung erreicht wird. Krankheiten werden dann als gestörtes Gleichgewicht betrachtet, das nur durch Selbstermächtigung, die im humoralen Gleichgewicht erreicht wird, wiederhergestellt werden kann. Die Unani-Therapie zielt darauf ab, dies mithilfe der Heilkraft der Natur zu behandeln.

Die traditionelle indische Medizin

Die traditionelle indische Medizin, oder Ayurveda, ist Indiens *„einheimisches ganzheitliches Heilsystem"* (Khalsa, 2009). Ayurveda ist eine Heilmethode, die gesunde Mahlzeiten, körperliche Aktivität, Psychotherapie, Massagen und Kräutermedizin in die ganzheitliche Heilung einbezieht. Bei der Selbstfürsorge werden präventive Techniken zur Wiederherstellung von Gesundheit und Gleichgewicht angewandt. Ayurveda ist als eine der vier primären Formen der Kräutermedizin sehr präsent. Sie umfasst viele traditionelle Texte und therapeutische Techniken aus der orientalischen und der westlichen Medizin sowie auch der Unani-Medizin und bietet einen effizienten und kostengünstigen Ansatz für die Gesundheitsversorgung. Die große Popularität von Ayurveda hat die Verfügbarkeit von südasiatischen Kräutern erhöht.

Ayurveda wird in der traditionellen indischen Medizin seit Tausenden von Jahren praktiziert. Diese Praktiken sind im Buch „The Ayurvedic Pharmacopeia of India" festgehalten, in dem mehr als 1.200 Pflanzenarten verzeichnet sind. Dieser Text umfasst zudem fast 100 Mineralien und 100 tierische Produkte, aus denen sich natürliche Heilmittel zusammensetzen, wobei die empfohlenen Dosierungen für jedes Heilmittel gemäß den Standards des Ayurveda detailliert aufgeführt sind. Diese Mittel sind so konzipiert, dass sie lange haltbar sind und über einen längeren Zeitraum gelagert werden können. Auf diese Weise werden die therapeutischen Eigenschaften der Kräuter in der Mischung stärker konzentriert, sodass ihre wohltuenden Wirkstoffe und Chemikalien gut genutzt werden können. Ayurveda, die „Wissenschaft des Lebens", ist eine der ältesten Formen der Kräutermedizin. Der Kerngedanke des Ayurveda ist die Vorbeugung und nicht die Heilung. Das bedeutet, dass die Gesundheit gefördert wird, um Krankheiten abwehren zu können, und dass sie erhalten wird, indem der Einzelne mit der Natur in Einklang gebracht wird.

Acht Wissenschaftszweige kategorisieren die Praxis des traditionellen indischen Ayurveda. Sie wird zusammen mit zehn Diagnoseinstrumenten verwendet, die auf den drei Sinnesempfindungen des Körpers oder der Tridosha-Theorie basieren, um Krankheiten zu diagnostizieren. Es kommen auch verschiedene Arten von Kräutermedizin zur Anwendung, nämlich fermentierte und unfermentierte Kräutergetränke, die als *Arishtas* und *Asavas* bezeichnet und aufgrund ihrer hohen Wirksamkeit geschätzt werden. Arishtas und Asavas können als alkoholische Extraktionsmethoden betrachtet werden. Sie sind hochwirksam und werden mit Kräutersäften und Zucker zubereitet. Arishtas sind Abkochungen von Kräutern in heißem Wasser, während Asavas mit frischen Säften fermentiert werden. Die Zugabe von Dhataki-Blüten und Gewürzen unterstützt die Gärung und führt zu einer leicht alkoholischen, süßen und sauren Mischung.

Die Vorteile des Alkohols im Fermentationsprozess bestehen darin, dass er die Qualität verbessert, die therapeutischen und pflanzlichen Eigenschaften verstärkt und die Effizienz der Extraktion der Kräuter fördert, wodurch die Medizin viel schneller an den Zielort gelangt. Diese medizinischen Praktiken finden sich in den traditionellen indischen Texten, nämlich: Charaka Samhita, Susruta Samhita, Ashtanga Hridaya, Bhaishajya Ratnavali, Sarngadhara Samhita, Khadhan-graham, Arsaschikitsha, Sahasrayogam, Chikitshasthanam, Yogaratnagaram, und Asavarishtasangragam, um nur einige zu nennen.

In der traditionellen indischen Medizin ist die Zubereitung von Arishta und Asava als Sandhana Kalpana bekannt. Bei der Extraktion von Heilpflanzen werden in der Regel Aufguss und Abkochung verwendet. Bei der Abkochung wird eine bestimmte Menge Wasser verwendet, um ein Kraut zu kochen und seine konzentrierten Wirkstoffe freizusetzen. Das konzentrierte, gekochte Gemisch wird dann abgekühlt, woraufhin die übrig gebliebenen Kräuter abgeseiht werden. Um wasserlösliche Wirkstoffe aus hitzeresistenten Pflanzen zu extrahieren, wendet Ayurveda eine Technik an, bei der das Verhältnis von Kräutermischung zu Wasser während des Kochens konstant bleibt. Dieses abgekochte Konzentrat wird „kwath" genannt. Durch das Kochen allein wird die Gesamtmenge des Wassers reduziert, und die verbleibende Flüssigkeit wird aufbewahrt und für die Verwendung weiterverarbeitet.

Traditionelle indische Aufgüsse werden hergestellt, indem Kräuter zerkleinert und in kochendes oder kaltes Wasser gegeben werden. Dies geschieht während eines begrenzten Zeitraums, um verdünnte Lösungen von Kräuterkonzentraten zu erhalten. Für die Zubereitung eines traditionellen indischen Kräutergetränks werden folgende Geräte benötigt: ein großer Tontopf, ein mittelgroßes Porzellangefäß, ein Deckel, ein Band zum Verschließen der Mischung, ein Holzlöffel zum Umrühren, ein Passiertuch zum Herausfiltern der übrig gebliebenen Kräuter, ein Gefäß zum Auffangen der übrig gebliebenen Säfte. Ein Aufguss besteht aus vier Komponenten, von denen jede ihre Aufgabe hat. Die Kräuter, die zur Herstellung des Konzentrats verwendet werden, sind ein wesentlicher Bestandteil von Heilkräutermischungen. Die in diesen Mischungen zudem verwendeten Aromastoffe dienen der Geschmacksgebung, haben aber auch heilende Eigenschaften, die zu den medizinischen Eigenschaften der Kräutermedizin beitragen.

Das europäische Erbe

Die britische Kräuterkunde hat im Lauf der Geschichte viele medizinische Praktiken monopolisiert, die oft unter dem Einfluss der britischen Schulmedizin standen. Im 19. Jahrhundert geriet die britische Heilpraxis durch die Thomson'sche botanische Medizin in die Kritik, eine Form der extremen Kräuterkunde, die sich auf einheimische Pflanzen stützte, um Erbrechen und Stuhlgang auszulösen und den Körper dadurch zu „reinigen". Diese Aufregung legte sich schließlich und führte zu diskreteren Formen der Kräuterkunde. Eine kleine Gruppe von Kräuterkundigen kämpfte jedoch weiterhin um berufliche Anerkennung und Zustimmung, hatte aber unter der orthodoxen medizinischen Praxis zu leiden, die darauf abzielte, die frühe britische Kräuterkunde zu monopolisieren. Nichtsdestotrotz blieb die britische Kräuterkunde bestehen, gedieh und brachte Autoren wie Griggs, Stuart und Inglis hervor, die die britische Kräuterkunde-Literatur förderten. Schädliche Medikamente und die Vernachlässigung der Patienten durch britische Schulmediziner führten ebenfalls zu einer Hinwendung zur britischen Kräuterkunde. Die gesellschaftlichen Veränderungen, die dazu führten, dass die Patienten nach alternativer Medizin suchten, taten ihr Übriges. In den europäischen Ländern nahm das Praktizieren der Kräuterkunde im Zuge der Industrialisierung deutlich zu. Die Weltwirtschaftskrise beeinflusste ebenfalls die Zahl der Kräuterkundigen in diesem Gebiet.

Im Großbritannien des frühen Jahrhunderts war die Kräuterkunde unglaublich vielfältig, und die Unternehmen waren über das ganze Land verteilt. Diese Unternehmen waren erfolgreich, weil die Kräuterkunde seit Generationen in angesehenen lokalen Gemeinschaften praktiziert wurde. Diese respektvolle Gemeinschaft führte dazu, dass Kräuterkundige in Ämter auf Bezirksebene, als Bürgermeister oder Stadtrat gewählt wurden. Doch nicht jeder war von der Unterstützung der Kräuterkundigen überzeugt, sodass es für sie schwierig war, das Vertrauen der Öffentlichkeit zu gewinnen. Oft wurden sie wegen ihrer überhöhten Preise und des Mangels an wissenschaftlichen Beweisen für ihre Methoden als unzuverlässig, ausbeuterisch oder zweideutig abgestempelt.

Im europäischen Erbe hatten die Kräuterkundigen oft ein einheitliches Glaubenssystem oder ein festes System von Grundsätzen, nach denen sie alternative medizinische Praktiken durchführten. Die Kräuterkunde würde als eine von der Schulmedizin und der allopathischen Medizin völlig getrennte Einheit betrachtet. Im Rahmen dieser Praktiken waren Kräuterheilmittel oft eine Mischung aus pflanzlichen Stoffen, und die Kräuterkundigen versuchten, keine anorganischen Materialien in ihren Heilmitteln zu verwenden, sondern stützten sich ausschließlich auf natürliche Inhaltsstoffe. Im europäischen Erbe wird davon ausgegangen, dass der menschliche Körper die benötigten Mineralien am besten durch die Einnahme von Pflanzen erhält, die als Nahrung und Medizin in das tägliche Leben integriert werden. Die Praxis der Kräuterkunde wurde weiterentwickelt, indem man traditionelle Kräuterheilmittel nahm und die einzelnen Inhaltsstoffe voneinander trennte, um die verschiedenen heilenden Eigenschaften zu verstärken. Als die Kräuterkundigen immer erfolgreicher darin wurden, wirksame Kräuterheilmittel herzustellen, wurde auch in Großbritannien zunehmend Wert auf pflanzliche Stoffe gelegt. Im 19. Jahrhundert legten britische Kräuterkundler wie J. H. Blunt durch den Einfluss der amerikanischen Kräuterkunde auf die alternativen medizinischen Praktiken den Grundstein dafür, dass Konzentrate, Alkaloide und Resinoide alltäglich wurden.

Die mesoamerikanischen Gesundheitspraktiken

Die kulturelle Vielfalt und der Reichtum der mesoamerikanischen Gesundheitspraktiken bestehen seit der frühen vorklassischen Zeit, als verschiedene indigene Völker die Region zu besiedeln begannen. Im Jahr 2000 v. Chr. traten die San Lorenzo Olmeken in Veracruz, Mexiko hervor. Gleichzeitig gründeten die Mokaya die erste sozial geschichtete sesshafte Kultur in der Soconusco-Region, die sich über Mexiko und die Pazifikküste Guatemalas erstreckt.

Was Mesoamerika auszeichnet und seine kulturelle Identität definiert, sind die gemeinsamen grundlegenden Merkmale, die es von anderen Teilen des amerikanischen Kontinents unterscheiden. So umfasste es beispielsweise ein riesiges Gebiet von Zentralmexiko bis ins nördliche Mittelamerika und beherbergte bekannte Zivilisationen wie die Olmeken, Maya und Azteken. Diese Zivilisationen trugen gemeinsam zum reichen kulturellen Erbe Mesoamerikas bei. In diesem Kontext entwickelte sich die aztekische

Medizin zum Höhepunkt einer langjährigen Tradition, die verschiedene kulturelle Gruppen in der Region vereinte.

Im südlichen Nordamerika und in Mittelamerika haben soziale Ungleichheiten den Zugang zur Gesundheitsversorgung erschwert und die Entstehung verschiedener alternativer Gesundheitssysteme begünstigt. Um eine flächendeckende Gesundheitsversorgung zu gewährleisten, ist Integration in Mesoamerika unerlässlich geworden. Die traditionelle Medizin hat den Zugang zu Gesundheitsdienstleistungen erleichtert, während die Kräuterkunde zur Erhaltung dieser einzigartigen Kultur dokumentiert wurde. Allerdings fehlt es an Beweisen für die Wirksamkeit der traditionellen medizinischen Praktiken, was die Umsetzung von systemischen Veränderungen im Gesundheitswesen behindert. Glücklicherweise hat der Einsatz für die öffentliche Gesundheit diese Veränderungen in jüngster Zeit möglich gemacht, indem dabei die Entkolonialisierung der Kräuterheilpraktiken in Mesoamerika diskutiert wurde.

Das Kernkonzept der traditionellen mesoamerikanischen Gesundheitsversorgung ist die Souveränität, und diese Form von Medizin zielt darauf ab, den indigenen Völkern eine unabhängige Gesundheitsversorgung zu bieten. Seit dem Übergang zu einem modernen Lebensstil und dem Auftreten von Krankheiten infolgedessen, hat Mesoamerika einen raschen gesundheitlichen Wandel vollzogen, der zu einer höheren Lebenserwartung geführt hat. Der große Bevölkerungszuwachs Mexikos in den 1940er-Jahren und das damit einhergehende Wirtschaftswachstum führten zu herausragenden Gesundheitsmaßnahmen durch das mexikanische Gesundheitsministerium *(Geck et al., 2020)*. Infolgedessen entwickelten das mexikanische Gesundheitsministerium und das mexikanische Institut für soziale Sicherheit kostenlose Familienplanungs-, Beratungs- und Verhütungsmittel. Dadurch wurde die Zahl der Gesundheitsposten und Krankenhäuser auf dem Lande erhöht und die Verfügbarkeit einer angemessenen Gesundheitsversorgung auf Gemeinden ausgedehnt, die sich bislang möglicherweise nur auf traditionelle Formen der Medizin verlassen konnten. Diejenigen, die keinen Zugang zu diesen Diensten hatten, verließen sich auf konventionelle Heiler, die seit Generationen in der Heilkunde tätig sind.

In Guatemala haben diese Investitionen in eine kostenlose Gesundheitsversorgung nur 40 % der durchschnittlichen Gesundheitskosten gedeckt. Marginalisierte Gemeinschaften haben in diesen Fällen auf die traditionelle Medizin zurückgegriffen, z. B. auf die konventionelle Maya-Praxis, um diese Lücke zu schließen. Infolgedessen wurden Modelle für die Kombination von traditioneller Medizin mit der Biomedizin umgesetzt, indem z. B. Kräuterkundige oder *ajkum*, Hebammen oder *ajiyom* und Ärzte, die als *ajqʻomaneel* bekannt sind, mit den Beschäftigten auf den Gesundheitsposten der Gemeinden zusammenarbeiteten. Dies führte dazu, dass auch unkonventionelle Krankheiten, einschließlich kultureller Syndrome, in offiziellen Einrichtungen behandelt wurden. Dazu gehören auch kulturelle Syndrome wie Susto (Schrecken), Ojeado (böser Blick) oder Wuqubʻ Siwan (Krankheit der sieben Schluchten). Diese Krankheiten werden mit verschiedenen pflanzlichen Arzneimitteln und therapeutischen Dienstleistungen behandelt, die in Zusammenarbeit mit Maya-Spezialisten angeboten werden. Diese Spezialisten haben mit traditionellen Medizinern und dem Gesundheitspersonal zusammengearbeitet, um den Menschen diese erschwinglichen Lösungen anzubieten. *„Allein im Gesundheitsbezirk Cuilco im westlichen Hochland Guatemalas koordinierten 360 traditionelle Heilpraktiker die Maßnahmen mit 78 medizinischen Fachkräften"* (Geck et al., 2020). Auf diese Weise werden mesoamerikanische Traditionen in der modernen medizinischen Praxis aufrechterhalten. Es ist ungewöhnlich, dass dieses integrative Gesundheitsmodell in Mesoamerika sogar vom Gesundheitsministerium gefördert wird.

Die traditionelle chinesische Medizin

Die traditionelle chinesische Medizin (TCM) geht auf das Jahr 2852 v. Chr. zurück *(Cheng, 1984)* und umfasst mehr als 2.600 Kräuter und Heilmittel, die zur Behandlung verschiedener Krankheiten eingesetzt werden. Diese Praxis basiert auf den Grundprinzipien der taoistischen Philosophie: dem Naturgesetz, das aus den gegensätzlichen Kräften von Yin und Yang besteht. Diesem Konzept zufolge kann ein Ungleichgewicht dieser Kräfte zu Krankheiten führen; Yin tritt auf, wenn der Körper zu sehr beruhigt wird, und Yang, wenn er zu sehr gefordert oder trainiert wird. Diese Kräfte werden dann mit Kräuterheilmitteln ausgeglichen, um das Gleichgewicht von Yin und Yang wiederherzustellen. In der traditionellen chinesischen Medizin steht Yang für Sonnenlicht, Hitze, Lebensenergie, Bluthochdruck, Fieber, Übergewicht, Schmerzen, Husten, starken Herzschlag, Entzündungen, Schulterprobleme und Verstopfung. Yin hingegen ist negativ und steht für den Mond, die Nacht, Kälte, Dunkelheit, Wasser, weibliche Energie, Sterben, niedriger Blutdruck, Unterkühlung, Untergewicht, Schwäche und Durchfall. Wenn diese beiden Elemente gut miteinander harmonieren, sind sie ausgeglichen.

Man geht davon aus, dass Yin und Yang die Lebensenergie eines Menschen ausmachen, auch bekannt als „Chi". Es heißt, dass das Chi über ein Netz von Kanälen, den sogenannten Meridianen, durch den Körper fließt. Nach der traditionellen chinesischen Medizin entspringt das Chi in den lebenswichtigen Organen, bevor es sich im ganzen Körper verteilt. Neben vielen anderen Behandlungen konzentriert sich die Akupunktur auf diese Punkte, um gesundheitliche Probleme an der Wurzel zu bekämpfen. Abgesehen davon geht die traditionelle chinesische Medizin von einer zyklischen Betrachtungsweise der Lebensereignisse aus und nicht von einer linearen Entwicklung, wie sie in westlichen Philosophien üblich ist. Daher betrachten TCM-Praktizierende bei der Diagnose einer Krankheit oder der Behandlung von Beschwerden den gesamten Körper einer Person, anstatt sich nur auf den betroffenen Bereich zu konzentrieren.

Darüber hinaus wurde die traditionelle chinesische Medizin mithilfe eines Systems von Wissen, Beobachtung und klinischen Versuchen kultiviert, um eine gut organisierte medizinische Praxis zu bilden. Sowohl Ärzte als auch Mitarbeiter in der Medizinbranche und in staatlichen Einrichtungen haben dieses Wissen gesammelt. Diese Heilmittel beruhen oft nicht auf wissenschaftlichen Erkenntnissen, haben sich aber wiederholt als wirksam erwiesen. Die Akupunktur ist eines dieser Mittel, bei dem wissenschaftlich nachgewiesen wurde, dass es im Körper Endorphine und Serotonin freisetzt.

Im Gegensatz zu den westlichen Gesellschaftsnormen wird die traditionelle chinesische Medizin jedoch als gleichwertig mit modernen allopathischen Mitteln angesehen. Chinesische Arzneimittel werden sogar zur Entwicklung der modernen Medizin verwendet, indem Heilextrakte in konventionelle Mischungen eingearbeitet werden. Ein Beispiel dafür ist Ephedrin, das aus Ma-huang extrahiert wird, um als Mittel gegen Asthma eingesetzt zu werden. Andere Extrakte wie Digitalis, das aus Mao ti-huang gewonnen wird, und Coumadin, das aus Blutegeln gewonnen wird, werden seit über 1.800 Jahren traditionell verwendet *(Cheng, 1984)*. Ebenso wurden Heilmittel und alte Formeln aus pflanzlichen Stoffen zusammen verwendet, um die chinesische Medizin mit mehr als 2.600 medizinischen Stoffen zu versorgen. Aus diesem Grund ist die chinesische Medizin für die medizinische und wissenschaftliche Forschung von großem Wert.

Die Irokesen

Die Irokesen verwendeten einfache Heilmittel für häufige Krankheiten wie Magen-Darm-Beschwerden, Fieber, Wunden und Knochenbrüche. Diese Krankheiten wurden auf sehr intelligente Weise behandelt. Sie verließen sich bei der Behandlung oft auf Gott und spirituelle Mächte, weshalb wir uns mit den religiösen Überzeugungen der Irokesen auseinandersetzen werden, um ihre Kräuterkunde zu erforschen. Ausgehend vom pantheistischen Glauben, gingen die Irokesen davon aus, dass alle Lebewesen mit dem Göttlichen verbunden sind. Dazu gehörten im Einzelnen Tiere, Pflanzen und Bäume sowie eine übergreifende Präsenz, die als Großer Geist bekannt war und von der man glaubte, dass sie alles erschaffen hat und für die Wünsche der Menschen verantwortlich ist. Die indianische Medizin lässt sich daher in zwei verschiedene Kategorien unterteilen: die *praktische Kräuterkunde und die spirituelle Kräuterkunde.*

Die praktische Kräuterkunde wurde durch Ausprobieren entwickelt und besteht oft aus einfachen, aber wertvollen Maßnahmen zur Wiederherstellung. Kräuterheilmittel bestanden oft aus einheimischen Pflanzen und Baumrinde. Zur Diagnose gehörte auch die physische Therapie, zu der oft auch Schwitzbäder gehörten. Bei Fieber umfasste die Behandlung oft Ruhe, Schwitzen, Abführen, Diurese und eine eingeschränkte Ernährung, die hauptsächlich aus Flüssigkeit bestand. Zur Behandlung gab es auch Tees, z. B. aus Holunderbeeren in Kombination mit Holunderrinde, die heiß serviert wurden, um zusätzlich zu schwitzen. Wenn eine Reinigung oder Entschlackung erwünscht war, wurde oft ein heißer Sud aus Wasserdost oder Buschbohnen zum Kauen verabreicht. Zur Behandlung von Fieber wurde der Aderlass angewandt, bei dem die Vene mit einem scharfen Feuerstein durchstochen und an einer bestimmten Stelle zusammengedrückt wurde. Dies geschah, um leichte Ödeme oder Flüssigkeitsansammmlungen zu lindern.

Die Irokesen benutzten auch Brechmittel, um Erbrechen auszulösen. Dies geschah zur Behandlung von Magen- und Darmproblemen und war Teil der zeremoniellen Reinigung. Bei den Irokesen erfolgte die Reinigung durch Brechmittel und Schwitzbäder in Verbindung mit tiefer spiritueller Meditation, um mit der geistigen Welt zu kommunizieren. Brechmittel bestanden gewöhnlich aus Kanadischer Blutwurz oder aus Lauge, die aus der Asche von Maiskolben hergestellt wurde. Nach der Einnahme von Brechmitteln wurde in der Regel warmes Wasser getrunken, um Erbrechen auszulösen. Die Irokesen verwenden auch Mittel gegen Rheuma oder Nervenentzündungen, die aus Schweißbädern und gekochten Spargel-, Erbsen-, Kermesbeer-, Schlüsselblumen- oder Senfsprossen bestehen. Außerdem verwenden sie heiße Umschläge und Moxibustionen mit Zapfen und Tannenzweigen, die sie nach dem Befeuchten über der betroffenen Stelle entzünden. Die betroffene Gliedmaße wurde über eine Glut gehalten und mit einem Mantel bedeckt, um medizinischen Rauch zu erzeugen. Die geschwollenen Gelenke wurden zusätzlich mit pürierten Blättern von Wintergrün und Beeren behandelt.

Die Irokesen entwickelten einen Zweig der Medizin, der sich mit Geburtshilfe beschäftigte. Bei langwierigen Wehen setzten sie pflanzliche Mittel wie Rebhuhnbeeren ein, um die Geburt einzuleiten. Bei übermäßigen Blutungen wurden Aufgüsse der Felsenbirne mit brennenden Maisschalen kombiniert, um die Blutung zu stillen. Außerdem wurden Körner von weißem Tuscarora-Mais zwischen heißen Steinen gekocht und auf die Nabelschnur gestrichen, bis sie sich löste. Um die Gesundheit der Neugeborenen zu gewährleisten, entwickelten die Irokesen ein einzigartiges Ernährungsprogramm, das aus einer Mischung aus Butter, getrockneten oder zerkleinerten Hickorynüssen und zerriebenem Bärenfleisch bestand, die in Milchflaschen gefüllt wurde. Diese Methode versorgte die Babys mit wichtigen Nährstoffen und förderte ein gesundes Wachstum, um möglichen gesundheitlichen Problemen vorzubeugen.

Zur Wundbehandlung benutzten die Irokesen Verbände aus Maisblättern, vor allem wenn sie stark bluteten. Freiliegende Wunden wurden mit Nadeln zugenäht, die entweder aus Knochen oder aus Tierhörnern hergestellt wurden. Anschließend wurde gekauter Tabak auf die heilenden Wunden gepackt, um diese zu entwässern und zu verschließen. Dazu wechselte man die Packung regelmäßig, während die Wunde heilen konnte. Bevor die Wunden sich verschlossen, wurden sie auch in eine dünne Schicht aus Darm oder der inneren Rinde der Rot-Ulme gehüllt.

Es ist bekannt, dass die Irokesen in Kriegszeiten ihre Behandlung von Schusswunden weiterentwickelten und sich dabei Techniken aus dem Ersten Weltkrieg zu eigen machten. Ihr Vorgehen bei Schusswunden umfasste beispielsweise ein umfassendes Debridement und die Entfernung von Kugel- und Knochensplittern. Die Irokesen scheuten auch vor den grausamen Aspekten der Medizin nicht zurück und wurden in der Durchführung dieser Verfahren geübt. Sie setzten auch auf natürliche Heilmittel, um den Heilungsprozess zu unterstützen, wie z. B. eine Lotion aus dem Saft von Maiswurzeln und -stängeln.

Die Verwendung von Umschlägen bei Wunden, Prellungen und Schwellungen ist ein weiteres Beispiel für ihre umfassenden medizinischen Kenntnisse. Einer ihrer berühmtesten Umschläge wurde aus gekochten Maisblüten hergestellt und war für seine heilenden Eigenschaften bekannt. Die chirurgischen Behandlungen des Irokesenstamms beschränkten sich jedoch auf Furunkel und Amputationen von Fingern.

Säule 2
Prozess

Die Arbeit mit natürlichen Zutaten und Heilmitteln erfordert eine verantwortungsvolle Beschaffung und Zubereitung sowie Sicherheit. Diese Säule befasst sich mit den Schritten, die erforderlich sind, um Kräuter auf ethisch vertretbare und sichere Weise zu beschaffen, sie in den verschiedenen Phasen ihres Wachstums verantwortungsvoll zu verarbeiten, sie für die Verwendung vorzubereiten und sie richtig zu lagern. Das reicht von der Suche nach Wildkräutern über den Anbau im eigenen Garten bis hin zur Ernte von Wurzeln, Samen und Beeren. In den folgenden Kapiteln erfahren Sie daher alles, was Sie wissen müssen, um Kräutermedizin so effektiv wie möglich zu verwenden.

3

Beschaffung

Kräuterkunde ist mehr als nur die Anwendung eines Heilmittels; sie ist oft eine Praxis der Vorbereitung, die das Sammeln, Wachsen und Ernten umfasst, bevor ein pflanzliches Heilmittel hergestellt werden kann. In der modernen Kräuterkunde werden die Pflanzen oft direkt von Gärtnereien bezogen. Diese verschiedenen Methoden werden angewandt, damit die Pflanzen vor der Herstellung pflanzlicher Heilmittel sicher und genau beschafft werden können.

Pflanzen sammeln

„Urban Foraging" ist ein Trend aus den USA. Diesem gehen Menschen nach, die Steine, Materialien oder Pflanzen in einer städtischen Umgebung sammeln. Es wird weithin angenommen, dass diese Tätigkeit den spirituellen Aspekt der Sammelnden verdeutlichen soll. Durch ihre Suche stellen sie eine Verbindung zur Umwelt her, sei es in der Natur oder in der Stadt. Die Sammler müssen beim Sammeln von Kräutern auch darauf achten, die Natur zu erhalten und sich vor Gefahren zu schützen. Wenn sie diese Schritte befolgen, können sie ihre Tätigkeit in Sicherheit genießen und gleichzeitig zum Erhalt des Ökosystems beitragen.

Darüber hinaus sollten beim Sammeln heutzutage auch die Eigentumsrechte im öffentlichen Raum beachtet werden, um sich an die geltenden sozialen Normen zu halten. Um Pflanzenteile verantwortungsvoll zu ernten, müssen sie geerntet werden, ohne die ganze Pflanze beziehungsweise deren Wurzeln zu zerstören. Es sollten auch Vorsichtsmaßnahmen getroffen werden, um giftige Chemikalien zu vermeiden, mit denen die Pflanzen in Berührung gekommen sein könnten, z. B. Pestizide, Insektizide und Gifte, die auf den Rasen gestreut werden; dies gilt sowohl für Pflanzen, die eingenommen werden, als auch für solche, die äußerlich am Körper angewendet werden.

Leitlinien für das Sammeln

Die Fähigkeit zum sicheren Kräutersammeln ist ein wesentlicher Bestandteil einer sicheren Kräuterheilkundepraxis, insbesondere wenn die Pflanzen in ihrem Rohzustand verwendet werden. Die folgenden Richtlinien für das Sammeln können verwendet werden, wenn Pflanzen zum Kochen oder Herstellen von Tinkturen geerntet werden:

- Vor der Ernte von Kräutern ist es wichtig, den besten Zeitpunkt für das Sammeln gründlich zu ermitteln. Andernfalls könnte das Kraut zu einem ungünstigen Zeitpunkt und somit umsonst geerntet werden.
- Gehen Sie beim Sammeln vorsichtig vor und achten Sie darauf, die Wurzeln nicht zu beschädigen. Andernfalls kann die Pflanze nicht mehr angemessen wachsen und weiter geerntet werden.
- Bevor Sie eine Pflanze aus ihrem natürlichen Lebensraum reißen, sollten Sie sich über die Folgen im Klaren sein: Ihr Entfernen könnte das Gleichgewicht des Ökosystems des Waldes stören. Achten Sie auf die Erhaltung dieser besonderen Pflanzengemeinschaft; jede einzelne ist ein integraler Bestandteil des Kreislaufs der Natur.
- Seien Sie beim Sammeln in der Natur vorsichtig, da in denselben Gebieten auch Wildtiere leben können.

- Seien Sie beim Pflücken achtsam und achten Sie auf eine gute medizinische Praxis und Verwendung.
- Drücken Sie Ihre Dankbarkeit für die Ernte und die Hilfe aus, die Sie durch das Mittel erhalten haben.

Beim Sammeln von Wildkräutern sollten die folgenden Richtlinien beachtet werden:

- Die medizinischen oder essbaren Teile einer Pflanze sollten vor ihrer Verwendung untersucht werden.
- Überprüfen Sie die geeigneten Erntezeiten für Pflanzen.
- Beobachten Sie für spätere Zwecke, wie lange jede Pflanze zum Wachsen braucht.
- Bei der Ernte sollte der natürliche Lebenszyklus der Pflanze beachtet werden.
- Seien Sie vorsichtig mit Giftpflanzen, die der zu erntenden Pflanze ähnlich sehen.
- Studieren Sie die Geschichte des Bodens, bevor Sie weitere Kräuter anpflanzen, um die Auswirkungen alter Pflanzenchemikalien auf neue Pflanzen zu verstehen.

Sammeln mit Bedacht

Kräutersammler in ländlichen und städtischen Umgebungen gehen bei der Suche oft in der Natur umher, um sich mit den Pflanzen um sie herum zu verbinden. Sie tun dies, um sich von den Pflanzen, zu denen sie sich am meisten hingezogen fühlen, leiten zu lassen. Dieser Ansatz hilft ihnen, die Pflanzen zu finden, die am besten in ihr Leben passen. Diese Spaziergänge sind nicht nur auf die Natur beschränkt, sondern können überall dort stattfinden, wo Natur vorhanden ist, auch in der Stadt und in Stadtparks. Die spirituelle Natur des Sammelns erfordert eine intuitive Herangehensweise an die Kräuterkunde. Einige hilfreiche Tipps für das behutsame Sammeln sind:

- Nehmen Sie nie mehr, als Sie brauchen. Verantwortungsbewusstes Sammeln bedeutet, dass man sich der langfristigen Auswirkungen einer übermäßigen Ernte auf die Umwelt bewusst ist und diese stets vermeidet.
- Konzentrieren Sie sich beim Pflücken von Pflanzen auf die Blätter und nicht auf den Pflanzenkörper.
- Pflücken Sie die Pflanzen, bevor sich Früchte und Samen bilden, damit der natürliche Lebenszyklus der Pflanze nicht unterbrochen wird.
- Ernten Sie Blüten, Stängel und alle Pflanzenteile, die roh verzehrt werden sollen, vor dem Mittag, um zu verhindern, dass die Sonne sie welken lässt und sie ihre Frische verlieren.
- Lassen Sie seltene Wildpflanzen stehen, anstatt sie zu pflücken, um den Naturschutz in der Region zu unterstützen.
- Informieren Sie sich über gefährdete Pflanzenarten in der Region.
- Wenn die Pflanzen nicht genügend Früchte tragen, dass sich die Ernte lohnt, sollten sie in ihrer natürlichen Umgebung verbleiben, um Nahrung für Vögel und andere Arten zu bieten.

Pflanzenbestimmung

Die Forschung rund um das Sammeln von Pflanzen hat Instrumente zur Pflanzenbestimmung entwickelt. Es wurde eine Reihe grundlegender Fragen für die Klassifizierung von Pflanzen während des Sammelns entwickelt. Diese Erkennungsmerkmale wurden für Laien verständlich formuliert, sodass sie von allen Kräutersammlern gleichermaßen verstanden werden können. Anhand der folgenden Fragen kann die jeweilige Pflanze identifiziert werden:

- Ist die zu sammelnde Pflanze eher in trockenem Klima, in feuchtem Klima oder auf sonnigen Feldern zu finden?
- Was ist die ideale Umgebung für das Gedeihen dieser Pflanze?
- Welche Temperatur- und Niederschlagsbedingungen benötigt die Pflanze?
- Welche Arten von Pflanzen bevorzugen das gleiche Klima?
- Welche Tiere ernähren sich häufig von dieser Art von Vegetation?
- Welche Arten von Insekten sind in der Nähe dieser Vegetation zu finden?

Bei der Betrachtung der physischen Merkmale während des Sammelns sollten die folgenden Fragen gestellt werden:

- Welche physischen Merkmale wird die Pflanze zum Zeitpunkt der Ernte aufweisen? Wird sie blühen, Beeren ausbilden, Samen tragen oder grüne Blätter haben?
- Welche Art von Blatt hat die geerntete Pflanze? Ist es gezähnt, gelappt, geteilt oder länglich?
- Auf welche Weise sind die Blätter angeordnet?
- Wie sehen die Blüten aus?
- Welche Farben haben die Blütenblätter?
- Wie ist die Wurzelstruktur und welche Form hat der Stängel der Pflanze?
- Hat die Pflanze Dornen oder Härchen?
- Wie groß sind die Pflanze und alle ihre Blüten?

Der Anbau von Kräutern

Beim Praktizieren von Kräuterheilkunde erfordert der Anbau von Kräutern oft mehr Zeit und Mühe als der Kauf im Laden. Das Gute daran ist, dass viele Heilkräuter leicht in fast jeder Umgebung angebaut werden können – im Haus, im Außenbereich oder auf der Fensterbank –, sodass der Kräuterkundige das ganze Jahr über Nachschub zur Verfügung hat. Bei der Planung eines Kräutergartens sollten die folgenden Faktoren berücksichtigt werden:

- **Verfügbarer Platz für Heilpflanzen:** Bäume mit heilender Wirkung benötigen mehr Platz und Sonnenlicht als kleine Kräutersträucher.
- **Sonnenlicht:** Fensterplätze eignen sich hervorragend für Pflanzen, die nur wenig Sonnenlicht benötigen, doch für Pflanzen, die maximale Belichtung benötigen, ist dies möglicherweise nicht ausreichend.
- **Verwendeter Boden:** Die Qualität des Bodens wirkt sich auf die medizinischen Eigenschaften der Kräuter aus. Ein hochwertiger Boden führt also zu nährstoffreichen Pflanzen.
- Weitere Bedingungen, wie das Klima, müssen berücksichtigt werden, da verschiedene Pflanzen bei unterschiedlichen Temperaturen gedeihen. Bestimmte Pflanzen dürfen zum Beispiel nicht übermäßig bewässert werden, da sie sonst absterben. Das Gegenteil gilt für Pflanzen, die einen hohen Wasserbedarf haben.

Kräuterkundler wenden häufig drei Standard-Gartenmethoden an. Dazu gehören Gärten im Freien, der Anbau in Töpfen und der überdachte Anbau von Pflanzen, z. B. in Gewächshäusern. Für Gärten im Freien sollten Sie Folgendes beachten:

- Auf Wunsch können auch mehrere Kräuter gleichzeitig angebaut werden.
- Suchen Sie nach Pflanzen, die unabhängig von den äußeren Bedingungen gedeihen können. Dies gilt insbesondere für Gärten im Freien, da diese oft unvorhersehbarem und rauem Wetter ausgesetzt sind.
- In Gärten im Freien sollte viel Belaubung verwendet werden, um die Nährstoffversorgung des Bodens zu verbessern, der rauen Winden und Regenfällen ausgesetzt ist.

- Pflanzen, die besondere Bedingungen benötigen, sollten im Freien in Kübeln oder an schattigen, geschützten Stellen gepflanzt werden.

Bei Verwendung von Pflanzgefäßen werden Kräuterpflanzen wie Pfefferminze und Lorbeer oft in Töpfen, Hängekörben oder Blumenkästen gezogen, wodurch sie bei der täglichen Arbeit mit Kräutern leicht zugänglich sind. Um Ihre Pflanzen gesund zu erhalten, sollten Sie darauf achten, dass sie nicht zu viel Sonne abbekommen. Außerdem ist es wichtig, die Erde um die Pflanzen herum regelmäßig aufzulockern, um zu verhindern, dass die Wurzeln eingeklemmt werden, wenn sie aus dem Topf herauswachsen. Wenn raueres Wetter zu erwarten ist, sollten Sie versuchen, Topfpflanzen an einen geschützten Ort zu stellen.

Gewächshäuser können die richtige Umgebung für Pflanzen schaffen, die besondere Bedingungen benötigen. Dazu gehören Pflanzen, die Schutz vor den Elementen benötigen, oder solche, die empfindlich und exotisch sind. Pflanzen wie Zitronengras, die häufig in der Kräuterkunde verwendet werden, werden in Gewächshäusern als Setzlinge gepflanzt. Auch für die kulinarische Verwendung sind solche Pflanzen in der Regel sicherer, da sie in geschlossenen Räumen gehalten werden und frei von Schadstoffen sind. Andere Pflanzen, wie das heilige Basilikum, bevorzugen ein Innenraumklima. Dasselbe gilt für Aloe-vera-Pflanzen, mit dem zusätzlichen Vorteil, dass sie giftige Chemikalien aus der Umgebungsluft aufnehmen.

Der Anbau und die Aufzucht von Pflanzen

Bei der Planung eines Gartens und der Auswahl von Kräutern sollten die folgenden Tipps beachtet werden:

1. **Standort:** Die meisten Heilpflanzen benötigen einen sonnigen Standort mit gut durchlässigem oder luftigem

Boden. Der Standort kann verbessert werden, indem in der Nähe Hecken gepflanzt werden, um die Kräuter vor Wind zu schützen. Empfindliche Kräuter können in geschützten, sonnigen Ecken gepflanzt werden. Böden, die zuvor unter härteren Bedingungen genutzt wurden, z. B. durch Bauarbeiten oder industrielle Nutzung, sollten nicht für empfindliche Pflanzen verwendet werden, da sie möglicherweise kontaminiert wurden.

2. **Temperatur:** Pflanzen sind empfindlich gegenüber Temperaturschwankungen. Einige Pflanzen überleben nur in ganz bestimmten Temperaturen und vertragen weder extreme Hitze noch Frost. Rosmarin zum Beispiel ist sehr empfindlich gegenüber Temperaturschwankungen. Auch sollten die Pflanzen nicht in direktem Kontakt mit Wind gepflanzt werden, um Windchill-Faktoren zu vermeiden. Die meisten Kräuter sollten im Frühjahr gepflanzt werden. Ein Gewächshaus ist eine Möglichkeit, die optimalen Temperaturbedingungen für eine bestimmte Pflanzenart stabil zu halten. Dies ist oft die einzige Möglichkeit, subtropische Pflanzen kühl zu halten. Andere Pflanzen hingegen können in einem Gewächshaus das ganze Jahr über unter warmen, sonnigen Bedingungen gehalten werden.

3. **Qualität des Bodens:** Die Bodenbeschaffenheit variiert stark und hängt von den Bestandteilen des Bodens und der Tonmischung ab. Sandige Böden z. B. entwässern schnell und müssen ständig mit Nährstoffen versorgt werden. Tonböden hingegen sind oft staunass und müssen entwässert werden.

4. **Beschnitt-Techniken:** Bestimmte Pflanzenteile sollten durch behutsame Schnitt-Techniken entfernt werden, um das Pflanzenwachstum zu fördern. Beim Beschneiden werden abgestorbenes Holz und Blätter entfernt, um Form, Größe und Qualität der Pflanzen zu verbessern. Anschließend sollte der Zeitpunkt für die richtige Ernte

für jede Pflanze festgelegt werden. Das Entfernen abgestorbener Blüten von den Pflanzen regt das neue Wachstum an. Außerdem werden dadurch Schädlinge und Krankheiten eingedämmt, da die Pflanze gesund bleibt.

5. **Gießen:** Nach dem Einpflanzen ist es wichtig, die Pflanzen richtig zu gießen. Gießen Sie mindestens einmal pro Woche, und zwar morgens und abends. Übertreiben Sie es nicht mit dem Gießen; einige Kräuter gedeihen am besten unter trockeneren Bedingungen. Auch wenn Sie eine Topfpflanze in den Boden verpflanzen, sollten Sie sie vorher wässern.

6. **Pflanzenpflege:** Unkraut jäten ist wichtig, um die Pflanzen gesund zu halten und zu verhindern, dass sie um Ressourcen konkurrieren. Auch Töpfe, Beete und Container sollten regelmäßig gejätet werden. Heilpflanzen sollten nicht gedüngt oder gemulcht werden, um ihre Kraft und Heilwirkung zu erhalten. Die Böden sollten jedoch mit qualitativ hochwertigem Dünger versorgt werden, damit die Pflanzen gut wachsen. Sandige Böden benötigen größere Mengen an Dünger, um eine angemessene Ernährung der Pflanzen zu gewährleisten.

7. **Schädlinge und Krankheiten:** Organische Heilmittel können eine gute Möglichkeit zur Behandlung von Pflanzenschädlingen sein. Seifen- und Knoblauchwasser, das aus zwei Tage lang in Wasser eingeweichten Knoblauchschalen besteht, sind einige Beispiele. Sobald die Dekontamination abgeschlossen ist, müssen befallene und gesunde Pflanzen getrennt gehalten werden.

Vermehrungsmethoden

Die Vermehrungsmethoden variieren oft von Pflanze zu Pflanze. Es sollte das Verfahren gewählt werden, das für die jeweilige Pflanze am besten geeignet ist. Zu den verschiedenen Vermehrungsmethoden gehören die folgenden:

1. **Saatgut.** Wenn Sie Samen anpflanzen, können Sie sie direkt in gesunde Topferde oder in den Boden säen. Warten Sie mit dem Auspflanzen von herangewachsenen Setzlingen ins Freie bis zur richtigen Jahreszeit, damit sie ihr volles Potenzial entfalten können. Einjährige und zweijährige Pflanzen können sich aus Samen vermehren, die, sobald sie gekeimt sind, den ganzen Sommer über kräftig weiterwachsen. Die Keimungsanforderungen jeder Pflanze sollten überprüft werden, um festzustellen, ob die Pflanze für den Bedarf der Kräuterkundigen zur richtigen Zeit zur Verfügung steht.

2. **Pflanzenstecklinge.** Pflanzen wie holzige, mehrjährige Kräuter können aus Stecklingen gezogen werden. Diese Stecklinge werden in der Regel aus dem Stamm oder den Wurzeln der Pflanze entnommen. Es wird empfohlen, die Stecklinge mit einem scharfen, sauberen Messer knapp unterhalb der Blätter und des Stängels zu schneiden. Die unten am Stängel verbleibenden Blätter werden entfernt, und dieser sollte vor dem Einpflanzen in die Erde mit Bewurzelungspulver bestäubt werden. Diese Methode funktioniert nur bei einigen Pflanzen, und es sollte darauf geachtet werden, dass sie für den gewählten Strauch geeignet ist.

3. **Wurzelteilung:** Die Vermehrung von Pflanzen, die im Boden wachsen, kann durch Wurzelteilung erfolgen. Im Herbst teilen Kräuterkundige normalerweise die im Frühjahr blühenden Stauden, während die im Herbst blühenden Pflanzen im Frühjahr geteilt werden. Dazu wird eine ausgewachsene Pflanze vorsichtig aus der Erde genommen und geteilt. Diese einzelnen Teile können dann wieder eingepflanzt werden.

4. **Absenker.** Eine Vermehrungsmethode, die als Absenker bezeichnet wird, besteht darin, dass eine Wurzel oder ein Stängel zur Wurzelbildung angeregt wird, indem man die Unterseite abschneidet, sie in die Erde vergräbt und gießt.

Die Spitze muss so lange über der Erde bleiben, bis sich eine Wurzelschicht gebildet hat. Dann kann sie aus dem Topf genommen werden, in den sie gepflanzt wurde. Diese Absenker werden auch als Ableger bezeichnet.

Pflanzen ernten

Selbst angebaute Pflanzen bieten Praktizierenden der Kräuterkunde eine ständige Quelle für frischen Nachschub. Vor dem Ernten muss der Garten durch Beschneiden und Beseitigen von unerwünschtem Unkraut gepflegt werden. Bei der Ernte sollte die Pflanze vorsichtig geschnitten werden, um Schäden zu vermeiden und bei mehrjährigen Pflanzen ein schnelleres Nachwachsen zu fördern. Zur Ernteausrüstung gehören in der Regel Schalen oder geflochtene Körbe, in denen die Ernte nach Bedarf gesammelt wird. Diese Schalen tragen dazu bei, die Pflanze während des Sammelns zu schützen. Bei der Ernte in der freien Natur eignen sich Rucksäcke ohne Nylon für das Sammeln von Blättern. Bei Unsicherheiten bezüglich der Identität von Pflanzen kann ein Feldführer für die richtige Identifizierung hilfreich sein.

Machen Sie kleine Schnitte und fassen Sie die Pflanzen nach der Ernte so wenig wie möglich an, um Schäden zu vermeiden. Tragen Sie Handschuhe, um allergische Reaktionen zu vermeiden. Außerdem ist es wichtig, nur Pflanzen zu ernten, die frei von Krankheiten, Schäden und Insektenbefall sind, und die geernteten Pflanzen nicht miteinander zu vermischen, um Verwechslungen zu vermeiden. Um Verschwendung zu vermeiden, sollten Sie nicht mehr Pflanzenmaterial sammeln, als Sie benötigen, da dieses sehr schnell verderben kann, wodurch die Wirkstoffe geschwächt werden. Ernten Sie außerdem den richtigen Pflanzenteil, da nicht alle Bestandteile verwendet werden können.

Die Verarbeitung von Kräutern

Sobald die Kräuter aus dem Boden geholt sind, werden sie in der Regel für verschiedene Zwecke verarbeitet. Um ihre Frische und ihren Geschmack zu bewahren, werden diese Pflanzen oft entweder an der Luft oder im Ofen getrocknet. Manchmal kann dazu ein warmer, trockener Ort verwendet werden. Beim Trocknen von Kräutern sollte dann blankes Papier anstelle von bedrucktem Papier verwendet werden. Es ist jedoch zu beachten, dass verschiedene Pflanzenteile unterschiedlich gelagert werden. Zu den oberirdisch wachsenden Pflanzenteilen gehören Stängel, Blätter, Blüten, Beeren und Samen. Stängel werden in der Regel ein paar Zentimeter über dem Boden abgeschnitten, nachdem die Pflanze geblüht hat. Mehrjährige Blumen hingegen werden oft höher über dem Boden abgeschnitten, damit sie schneller nachwachsen können. Anschließend sollten große Blüten und Blätter abgenommen und separat getrocknet werden. Kleinere Blätter hingegen sollten am Blattstiel getrocknet werden.

Wie man Kräuter trocknet

1. Die Kräuterbüschel – acht bis zehn Stängel – werden zusammengebunden und an einem warmen, luftigen und dunklen Ort aufgehängt. Die Kräuterbüschel sollten nicht zu dicht geschnürt sein und die Luft sollte frei zirkulieren können.
2. Sobald die Kräuterblätter brüchig, aber noch nicht ganz trocken sind, sollten die Stängel und Blätter der Pflanze getrennt werden. Dazu reibt man die getrockneten Pflanzenteile über einem Stück Papier, um Blätter, Stängel, Samen und Blüten voneinander zu trennen.
3. Die getrockneten, abgetrennten Kräuter werden vorsichtig vom Papierbogen in ein dunkles Glas zur sicheren Aufbewahrung geschüttet. Anschließend wird das Glas verschlossen und sicher aufbewahrt.

Wie man große Blüten verarbeitet

Große Blüten werden oft kurz nach der Blüte geerntet, das geschieht im Frühjahr oder Sommer. Bei der Blütenernte werden oft nur die Blütenblätter verwendet. Dies kann wie folgt geschehen:

1. Trennen Sie die Blütenköpfe von den Stielen, sobald sie voll aufgeblüht sind, und entfernen Sie Schmutz und Insekten.
2. Legen Sie die Blüten zum Trocknen auf ein saugfähiges Blatt Papier und lassen Sie sie an der Luft trocknen, und zwar dort, wo die Luft zirkulieren kann.
3. Nach dem Trocknen sammeln Sie die Blütenblätter ab und bewahren sie in einem dunklen Gefäß oder einer braunen Papiertüte auf.

Bei kleinen Blüten ist der Trocknungsprozess ganz anders:

1. Pflücken Sie kleinere Blüten mit noch vorhandenem Stiel.
2. Verschließen Sie sie in einer Papiertüte und hängen Sie diese kopfüber über einem Tablett zum Trocknen auf, insbesondere kleinere Blüten wie Lavendel.

Wie man Obst und Beeren erntet

Der Herbst ist die perfekte Jahreszeit, um reifes Obst und Beeren zu pflücken. Achten Sie jedoch darauf, dass sie bei der Ernte noch fest und nicht überreif sind, da dies den Trocknungsprozess beeinträchtigt. Die Beeren können auch einzeln oder in Trauben gepflückt und dann auf saugfähiges Papier gelegt werden. Anschließend werden sie bei leicht geöffneter Ofentür für etwa drei Stunden in den warmen, ganz ausgeschalteten Ofen gelegt, bis sie vollständig getrocknet sind. Danach werden die Beeren herausgenommen und an einem trockenen, warmen Ort im Dunkeln aufbewahrt, wo sie gelegentlich gewendet werden. Schimmelige Früchte oder Beeren müssen unbedingt von der restlichen Charge entfernt werden, damit sich diese nicht infizieren.

Wie man Wurzeln, Rhizome, Knollen und Zwiebeln erntet

Bei der Wurzelernte werden Wurzeln wie Eupatorium purpureum, Phytolacca americana und Urtica dioica in der Regel im Herbst geerntet. Phytolacca americana z. B. wird geerntet, nachdem die oberirdischen Pflanzenteile abgestorben sind und bevor der Boden zu hart oder zu feucht wird. Alternativ können einige Wurzeln zu Beginn des Frühjahrs geerntet werden, bevor sie alt oder unbrauchbar werden, weil sie der Luft ausgesetzt sind. Um die Wurzeln zu ernten, sollte man tief um den Pflanzenkörper herum graben und ihn vorsichtig aus dem Boden ziehen. Wenn sich die Wurzeln nur schwer herausziehen lassen, wird oft ein Klopfen von unten verwendet, um sie aus dem Boden zu lösen. Dann wird der benötigte Teil entfernt, während der Rest der Pflanze an Ort und Stelle verbleibt.

Das Verfahren zur Ernte von Wurzeln lautet wie folgt:

1. Schütteln Sie überschüssige Erde ab und spülen Sie den Schmutz unter warmem Wasser von den Wurzeln ab.
2. Entsorgen Sie alle kleinen oder beschädigten Wurzelteile.
3. Schneiden Sie die Wurzel oder Knolle mit einem scharfen Messer in Stücke.
4. Legen Sie die Stücke auf saugfähigem Papier auf ein Backblech und stellen Sie dieses bei geöffneter Tür für drei Stunden in den warmen Ofen.
5. Danach an einem warmen Ort gründlich trocknen lassen.

Wie man Saatgut erntet

Die Samenernte besteht darin, reife Samen von verschiedenen Pflanzen zu sammeln und ihre Lebensfähigkeit für künftiges Wachstum und Vermehrung zu gewährleisten. Ermitteln Sie zunächst, wann die Pflanzen ihre Reife erreicht haben und ihre Samen entwickelt sind. Entfernen Sie vorsichtig die Samenköpfe oder -schoten und legen Sie sie an einen trockenen und gut belüfteten Ort. Lassen Sie die Samen trocknen und achten Sie darauf, dass sie keine Feuchtigkeit enthalten, um Schimmel oder Fäulnis zu vermeiden. Sobald sie trocken sind, lösen Sie die Samen vorsichtig aus ihren Hüllen oder Schoten und bewahren Sie sie in beschrifteten Umschlägen oder luftdichten Behältern auf. Denken Sie daran, sie an einem kühlen und dunklen Ort zu lagern, um die Lebensfähigkeit zu erhalten.

Pflanzen kaufen

Für diejenigen, die keine Pflanzen anbauen oder sammeln, ist der Kauf immer eine Option. Viele Gärtnereien bieten das nötige Handwerkszeug für die sichere Anwendung von Kräutern und eine Vielzahl von Heilkräutern zum Kauf an. Achten Sie darauf, dass Sie normale Heilsträucher und -pflanzen kaufen, wenn Sie sie für therapeutische Zwecke verwenden wollen, und keine gentechnisch veränderten Pflanzen. Getrocknete Kräuter können ebenfalls gekauft werden, sodass sie vor der Verwendung nicht erst verarbeitet und getrocknet werden müssen. Es gibt auch Tipps für die Lagerung und den Kauf von getrockneten und frischen Kräutern, wie z. B.:

- Vermeiden Sie durchsichtige Gläser, die Sonnenlicht durchlassen, da dies zu unnötiger Oxidation führen und die Wirksamkeit der getrockneten Kräuter verringern kann. Wählen Sie stattdessen saubere, dunkle Glasbehälter mit luftdichtem Verschluss, um eine längere Lagerung zu gewährleisten.
- Lagern Sie Kräuter in braunen Papiertüten, vor direkter Sonneneinstrahlung geschützt, wenn keine Gläser zur Verfügung stehen.

- Verwenden Sie keine Metallbehälter, da diese trockene und frische Kräuter verunreinigen.
- Kräuter können bis zu zwölf Monate aufbewahrt werden, bevor sie weggeworfen werden; in Plastik- oder Zip-Lock-Beuteln eingefrorene Kräuter sollten nur sechs Monate aufbewahrt werden.
- Es ist hilfreich, die Behälter mit den Kräutern mit ihrem Erntedatum zu beschriften, damit Sie wissen, wie lange sie aufbewahrt werden sollten.
- Getrocknete Kräuter guter Qualität sind aromatisch und farbintensiv; prüfen Sie sie vor dem Kauf auf Anzeichen von Befall oder Fälschung.
- Beurteilen Sie das Alter der Kräuter. Ringelblumen haben z. B. in der Regel ein leuchtendes Gelb oder Orange, das bei zu langer Lagerung fahl oder blass werden kann.
- Beachten Sie das Verfallsdatum.
- Wird bei gelagerten Kräutern ein Befall festgestellt, entfernen Sie die betroffenen Stellen und entsorgen Sie sie in einem Plastikbeutel; sterilisieren Sie den Behälter, bevor Sie die restlichen Kräuter wieder hineinlegen.

— **4** —

Vorbereitung

Keine Kräuterheilpraxis funktioniert ohne Zubehör. In diesem Kapitel werden die gebräuchlichsten Hilfsmittel vorgestellt, die für die Ausübung der Kräuterkunde benötigt werden.

Zubehör/Ausrüstung

Im Folgenden finden Sie eine Liste der wichtigsten Hilfsmittel für jeden angehenden Kräuterkenner.

Behälter zur Lagerung

Die Aufbewahrung und Lagerung von Heilkräutern kann mithilfe von Behältern erleichtert werden. Einmachgläser, Glasflaschen und Dosen gehören zu den empfehlenswertesten Behältern für die Aufbewahrung von getrockneten Kräutern, pflanzlichen Produkten oder Mischungen. Wenn Sie diese Heilmittel verschenken möchten, können Sie sie durch hübsche Verpackungen und Dekorationen verschönern. Eine kostengünstigere Option ist die Wiederverwendung und das Recycling von Gläsern, die zuvor für Tomatensoße oder Marmelade verwendet wurden. Denken Sie nur daran, den Behälter vor der Verwendung gründlich zu reinigen und zu desinfizieren. Wenn Sie jedoch keine geeigneten Behälter von aufgebrauchten Produkten finden, bieten viele

Geschäfte leere Sprühflaschen, Dosen oder Schraubgläser an, die eine gute Alternative darstellen.

Küchenwaage

Bei der Herstellung von Kräuterheilmitteln sind genaue Messungen unerlässlich, weshalb eine gewichtsempfindliche Küchenwaage erforderlich ist. Diese sollte entweder in Gramm oder Unzen messen, da für Tinkturen und andere verhältnisabhängige Rezepturen genaue Maße berechnet werden müssen. Wenn Sie in eine solche Waage investieren, können Sie sicher sein, dass Sie jedes Mal die richtige Zutatenmenge erhalten.

Rührschüsseln und Kochtöpfe

Zum genauen Abmessen und Mischen von Kräutern empfiehlt sich eine Sammlung von Küchenutensilien. Am besten ist es, sich mit Töpfen aus Glas, Stein oder mit Teflonbeschichtung sowie mit Rührschüsseln und Pfannen aus Edelstahl einzudecken. Eine Reihe verschiedener Schüsselgrößen ist auch für andere Zwecke hilfreich. Dabei sind beschichtete Pfannen zu bevorzugen, da sie langlebiger sind und nichts so schnell anbrennen lassen.

Messbesteck

Messgeräte wie Messbecher, -löffel und -zylinder sind bei der Zubereitung von Kräuterheilmitteln hilfreich. Diese Werkzeuge können dazu beitragen, dass die richtigen Mengen an Lösungsmitteln, Kräutern und Wachs für eine bestimmte Behandlung verwendet werden. Glücklicherweise gehören diese Gegenstände vielleicht schon zu Ihren Küchenutensilien und werden für präzise Messungen verwendet. Mit dieser Ausrüstung können Sie bei Bedarf genaue Portionen von Lösungsmitteln oder Tinkturen abmessen.

Küchenutensilien

Um die Zutaten für ein Kräuterheilmittel zu mischen, ist es am besten, Hilfsmittel wie Löffel, Spatel, Messer, Küchenscheren und Schneidebretter bereitzuhalten. Damit kann man die Bestandteile eines Heilmittels zerkleinern, aufschlagen und mischen. Auch Mörser und Stößel können zum Zerkleinern von getrockneten und frischen Kräutern bereitgehalten werden. Ein weiteres praktisches Küchenwerkzeug für Kräutermischungen ist eine Gewürzmühle, mit der man Gewürze für Kräuterheilmittel zerkleinern kann. Andere Küchenutensilien wie Trichter, Siebe und Seihtücher können zum Abseihen und Abfüllen von Kräutermischungen verwendet werden.

Sammeltasche

Machen Sie sich Gedanken über die Art der Tasche, die Sie zum Sammeln Ihrer Kräuter verwenden. Eine leichte Baumwoll- oder Segeltuchtasche eignet sich perfekt zum Sammeln von Pflanzen und Pilzen, ohne dass Ihre Beute beschädigt wird. Eine solche Tasche bietet jedoch wertvollen Stauraum für alle gesammelten Gegenstände.

Schere, Gartenschere, Messer, Lupe

Beim Sammeln von Kräutern für pflanzliche Heilmittel ist das richtige Werkzeug unerlässlich. Eine Schere ist praktisch, um Blüten, Stängel und andere kleine Zweige abzuschneiden. Wenn Sie größere Wurzeln oder Zweige abschneiden müssen, sollten Sie eine Gartenschere verwenden. Für das Abschneiden von Rinde reicht ein Taschenmesser aus. Bevor Sie Pflanzen sammeln, können Sie mit einer Lupe nach Anzeichen von Krankheiten, Schädlingen oder Bakterien suchen.

Notizbuch

Wenn Sie sich bei der Herstellung von Kräutermitteln oder für Rezepte Notizen machen, können Sie bei späteren Anpassungen Ihre Arbeit gut nachvollziehen. Außerdem ist es von Vorteil, wenn man beim Sammeln von Kräutern in einem Geschäft oder in der freien Natur alles aufschreibt. Das Gedächtnis kann uns manchmal im Stich lassen, daher ist es für jeden Kräutersammler wichtig, etwas zum Festhalten wichtiger Informationen dabeizuhaben. Wenn Sie kein Notizbuch haben, können Sie lose Papiere mit all Ihren Notizen und Rezepten in einer Mappe organisieren.

Schreibutensilien

Andere Schreibgeräte wie Kugelschreiber, Papier oder Buntstifte können verwendet werden, um Rezepte oder Informationen zur Herstellung von Kräuterheilmitteln aufzuschreiben. Diese Schreibgeräte können auch zum Skizzieren, Zeichnen oder sogar Malen von Pflanzenskizzen verwendet werden, damit sie bei der Kräutersuche oder beim Online-Kauf von Kräuterheilmitteln identifiziert werden können.

Informationsquellen

Bücher sind ein Muss, um Kräuter und pflanzliche Heilmittel zu identifizieren. Sie können eine Fülle von Wissen bieten, wenn man nach pflanzlichen Heilmitteln sucht oder versucht, die Eigenschaften von Pflanzen und ihre heilende Wirkung zu verstehen. Heutzutage ist aber auch das Internet eine wichtige Informationsquelle geworden. Es kann nicht nur bei der Recherche helfen, sondern auch die Kommunikation mit anderen erfahrenen Kräuterkundigen erleichtern. Durch die vielen Online-Techniken und -Ressourcen sind Computer ein unverzichtbarer Bestandteil der Ausrüstung eines modernen Kräuterkundlers.

Inhaltsstoffe

Um erfolgreich Kräuterheilmittel nach Rezepten herzustellen, ist es wichtig, die richtigen Zutaten zu verwenden. Im Folgenden finden Sie die Zutaten, die jeder angehende Kräuterkundige in seinem Repertoire haben sollte.

Kräuter

Keine Kräuterkundepraxis ist ohne Kräuter vollständig; das ist klar. Je nachdem, für welche Praxis Sie sich entscheiden, können Sie die Kräuter aus Ihrem Garten holen oder sie sogar in einem örtlichen Geschäft kaufen. Sie können sogar aus dem Internet bezogen werden. Je nach Art der Behandlung oder Ihren Gesundheits- und Wellness-Bedürfnissen werden verschiedene Kräuter benötigt. Für Einsteiger gibt es auch Kräutersammelkästen. Es ist wichtig, die Qualität der Kräuter vor dem Kauf zu beurteilen, weshalb gekaufte oder selbst angebaute Kräuter empfohlen werden.

Lösungsmittel

Bei der Herstellung pflanzlicher Produkte sind Lösungsmittel unerlässlich, um eine stabile Grundlage für die Mischungen zu schaffen. Zu den gängigen Lösungsmitteln, die in solchen Rezepturen verwendet werden, gehören Alkohole, Sirupe, Tinkturen und Öle. Beliebt sind Trägeröle, darunter Mandel-, Jojoba-, Traubenkern- und Kokosnussöl. Jedes Trägeröl bietet seine eigenen Vorteile und kann die Wirkung des Kräuterheilmittels verstärken.

Neben anderen Lösungsmitteln können auch Alkohole in pflanzlichen Zubereitungen verwendet werden. Die Wahl des geeigneten Alkohols hängt hauptsächlich von seinem Prozentsatz ab; einige gängige Beispiele sind Wodka, Gin, Rum, Brandy und Whiskey. Außerdem sind Alkohole die Grundlage für Kräutertinkturen. Auch Essig, z. B. Apfelessig oder Weißweinessig, wird als Lösungsmittel verwendet. Zu den natürlichen Lösungsmitteln gehören zudem Honig und Glycerin, die in Kräutermischungen und Rezepten gerne verwendet werden.

Wachs und Butter

Salben, Cremes und Körperbutter enthalten oft Wachse und pflanzliche Butter als Hauptbestandteile. Bienenwachs und andere natürliche Lösungsmittel wie Candelilla-, Karnauba- oder Sojawachs sind in der Regel in der Rezeptur enthalten. Auch Kakao-, Shea-, Avocado- und Kokumbutter werden häufig in Salben verwendet. Es ist wichtig zu wissen, dass Wachse und Butter nur eine begrenzte Haltbarkeit haben; sie sind zwischen einigen Monaten und einem Jahr haltbar. Daher empfiehlt es sich, kleinere Mengen an Wachsen und Butter zu kaufen, und sie nach Ablauf der Haltbarkeit nachzukaufen.

Methoden

Es haben sich verschiedene Methoden zur Verwendung von Kräutern entwickelt, die dem Einzelnen unterschiedliche Möglichkeiten bieten, die gewünschten Ergebnisse zu erzielen. Im Folgenden werden einige Strategien vorgestellt, die in der Praxis der Kräuterkunde häufig verwendet werden.

Pulverisierte Kräuter

Pulverisierte Kräuter sind eine bequeme und einfache Möglichkeit, Kräuterheilmittel in die tägliche Routine einzubauen. Im Allgemeinen können sie als Kapseln eingenommen, über das Essen gestreut, mit Wasser vermischt oder direkt auf die Haut oder Wunden aufgetragen werden. Darüber hinaus können pulverisierte Kräuter mit anderen Arzneiformen wie Tinkturen und Umschlägen kombiniert werden, um eine stärkere Wirkung zu erzielen. Bei der Auswahl von Kräuterpulver kommt es auf die Qualität an; feiner gemahlene Sorten werden in der Regel als besser angesehen. Wer seine Kräuterkapseln zu Hause selbst herstellen möchte, kann gekaufte Gelatinekapseln oder vegetarische Kapseln mit Pulver füllen und so die Kontrolle über die in den Heilmitteln verwendeten Zutaten behalten. Die Schritte zur Herstellung solcher Kapseln werden im Folgenden beschrieben:

1. Schütten Sie das Pulver in eine Untertasse oder Schale.
2. Schieben Sie die Pillenkapseln auf der Untertasse aufeinander zu, um das Pulver darin einzufangen.
3. Füllen Sie jede Kapsel bis zur Hälfte und füllen Sie sie anschließend in Behälter.

Für Kräuterkapseln:

- Die Kapseln der Größe 00 sollten mit bis zu 250 mg Pulver gefüllt werden.
- Die empfohlene Dosierung beträgt zwei oder drei Kapseln pro Tag, je nach Stärke des Kräuterheilmittels.
- Bewahren Sie die Kapseln in einem luftdichten, dunklen Glasbehälter an einem kühlen, trockenen Ort auf.
- Entsorgen Sie die Kapseln nach drei bis vier Monaten.

Zerkleinerung

Mörser und Stößel werden häufig zum Zerkleinern und Mischen von getrockneten Kräutern verwendet und können wie folgt eingesetzt werden:

1. Geben Sie Ihre Kräuter und Gewürze in die Mörserschale und halten Sie diese mit einer Hand fest.

2. Halten Sie mit der anderen Hand den Stößel und drücken Sie ihn nach unten in den Mörser, um die Kräuter zu zerkleinern oder zu mischen.
3. Bewegen Sie den Stößel im Mörser hin und her, um die Kräuter zu mischen.

Das Zerkleinern von getrockneten und frischen Kräutern mit Mörser und Stößel ist eine effektive Methode zur Zubereitung der gewünschten Zutaten. Zu diesem Zweck ist es ratsam, für essbare Kräuter einen separaten Mörser zu verwenden, damit keine schädlichen Pflanzen oder deren Reste verzehrt werden.

Aufgüsse

Um ein Kräuterheilmittel, einen Tee oder ein beruhigendes Getränk zu kreieren, sind Aufgüsse ideal, die die empfindlichen Teile von krautigen Pflanzen wie Blätter und Blüten auf sanfte Weise extrahieren. Sie können einzelne oder mehrere verschiedene Kräuter verwenden und sie entweder heiß oder kalt aufgießen, je nach Ihren Vorlieben. Für die Zubereitung müssen Sie die folgenden Anweisungen befolgen:

1. Geben Sie das Kraut in ein Sieb und hängen Sie dieses in eine Tasse mit abgekochtem Wasser.
2. Decken Sie die Tasse mit einem Deckel ab und lassen Sie die kochende Mischung zehn Minuten lang ziehen.
3. Entfernen Sie anschließend das Sieb mit den Kräutern, sodass ein konzentrierter Kräuterauszug zurückbleibt.
4. Einen Teelöffel Honig oder Zucker hinzufügen und nach Belieben trinken.

Auch die Zubereitung eines Aufgusses im Topf ist einfach und kann nach Belieben angepasst werden. Füllen Sie einfach den Topf mit Kräutern und bedecken Sie ihn mit kochendem Wasser. Legen Sie einen Deckel auf und lassen Sie den Inhalt ziehen.

Nach dem Ziehen seihen Sie die Kräuter ab, fügen ein beliebiges Süßungsmittel hinzu und genießen Ihr Getränk.

Cremes

Die Herstellung von medizinischen Cremes oder Lotionen ist eine einfache und wirksame Methode, um verschiedene Hautkrankheiten zu lindern. Hier sind die allgemeinen Schritte zur Herstellung Ihrer medizinischen Cremes oder Lotionen:

1. **Wählen Sie Ihre Heilkräuter.** Der erste Schritt ist die Auswahl der Kräuter, die Sie in Ihrer Creme oder Lotion verwenden möchten. Sie können aus verschiedenen Kräutern wie Calendula, Kamille, Lavendel und Wegerich wählen.

2. **Bereiten Sie Ihren Kräutertee zu.** Sobald Sie Ihre Kräuter ausgewählt haben, bereiten Sie einen Kräutertee zu, indem Sie die Kräuter in kochendem Wasser ziehen lassen. Für diesen Schritt können Sie entweder frische oder getrocknete Kräuter verwenden. Lassen Sie die Kräuter dann etwa 20 bis 30 Minuten ziehen, bevor Sie das Pflanzenmaterial abseihen.

3. **Schmelzen Sie die Grundzutaten.** In einem separaten Topf schmelzen Sie die Grundzutaten für Ihre Creme oder Lotion. In der Regel wird eine Mischung aus Öl und Wasser als Grundlage verwendet. Sie können z. B. Kokosnussöl und Bienenwachs als Ölkomponente und destilliertes Wasser als Wasserkomponente kombinieren.

4. **Mischen Sie Ihren Kräutertee hinzu.** Sobald die Grundzutaten geschmolzen sind, fügen Sie unter Rühren langsam den Kräutertee hinzu. Rühren Sie weiter, bis die Mischung abgekühlt und zu einer creme- oder lotionsartigen Konsistenz eingedickt ist.

5. **Fügen Sie optionale Zutaten hinzu.** Für zusätzliche Vorteile können Sie auch andere optionale Zutaten wie ätherische Öle, Vitamin E oder Honig hinzufügen.

6. **Lagern Sie Ihre Creme oder Lotion.** Füllen Sie die fertige Creme oder Lotion in ein sterilisiertes Glas oder einen Behälter und bewahren Sie sie an einem kühlen, dunklen Ort auf. Sie sollte mehrere Monate haltbar sein.

Salben werden auf Ölbasis hergestellt und bilden bei Verletzungen, Entzündungen oder Beschädigungen der Haut eine Schutzschicht. Sie können Probleme wie Hämorrhoiden lindern und die Haut bei trockenen Lippen oder Windelausschlag mit Feuchtigkeit versorgen. Im Gegensatz zu Cremes benötigen Salben kein Wasser, was sie zu einer hervorragenden Wahl für alle macht, die eine wirksame Lösung für ihre Hautpflege suchen.

Befolgen Sie diese Schritte zur Herstellung von Salben:

1. Stellen Sie eine Glasschale in einen Topf mit kochendem Wasser und fügen Sie organische Öle oder Wachse hinzu, damit es schmelzen kann.
2. Hacken Sie die Kräuter fein und lassen Sie sie zehn bis 15 Minuten unter ständigem Rühren in der Vaseline oder dem Wachs köcheln.
3. Befestigen Sie einen Baumwollbeutel mit einer Schnur am Rand eines Kruges und gießen Sie die Mischung durch ihn hindurch, um Verunreinigungen herauszufiltern.
4. Tragen Sie Gummihandschuhe und drücken Sie die heiße Flüssigkeit der Kräutermischung durch den Beutel in den Krug.
5. Gießen Sie die geschmolzene Mischung in Gläser, bevor sie fest wird und abkühlt, und setzen Sie die Deckel leicht auf, ohne sie zu verschrauben.
6. Sobald die Gläser abgekühlt sind, verschließen Sie die Deckel fest.

Vergessen Sie nicht, die Gläser nach der Herstellung der Salbe zu beschriften und kühl und trocken zu lagern. Unterschiedliche Konsistenzen werden oft für verschiedene Zwecke verwendet. Feste Salben können z. B. als Lippenbalsam verwendet und mit Mineralölen zubereitet werden. Um sie herzustellen, gehen Sie folgendermaßen vor:

1. Schmelzen Sie 140 g Kokosnussöl und 120 g Bienenwachs.
2. Mischen Sie das geschmolzene Kokosöl und das Bienenwachs mit 100 g pulverisierten Kräutern.
3. Geben Sie diese Mischung in eine Glasschüssel und stellen Sie diese in einen Topf mit kochendem Wasser.
4. Lassen Sie die Mischung bis zu 90 Minuten köcheln.
5. Sobald die Mischung ausreichend gekocht ist, seihen Sie die pulverisierten Kräuter ab und füllen das Öl in Gläser.

Bei weniger festen Salben, z. B. Salben für Hautausschläge, wird ähnlich vorgegangen:

1. Schmelzen Sie 60 g Bienenwachs und 500 ml Olivenöl in einer Glasschüssel über einem Topf mit kochendem Wasser.
2. Geben Sie 120 g getrocknete oder 300 g frische Kräuter in die Öl-Wachs-Mischung.
3. Nach dem Mischen wird die Mischung abgedeckt und bis zu drei Stunden lang in den warmen Ofen gestellt. Danach wird sie herausgenommen, abgeseiht und in separate Gläser gegossen.
4. Eine Alternative zu Bienenwachs und Olivenöl kann durch die Kombination von 500 ml eines anderen Öls und 60 g geschmolzenem Bienenwachs hergestellt werden.

Baumsäfte auffangen

Das Auffangen von Baumsäften erfolgt je nach Baum oder Pflanze am besten im Frühjahr oder Herbst. So werden beispielsweise Weißbirken häufig für ihren Saft angezapft, wobei ein Loch von fast einem Viertel des Durchmessers vom Stamm in diesen gebohrt werden muss. Darunter sollte ein Behälter platziert werden, um die Flüssigkeit aufzufangen, sobald sie austritt. Nachdem Sie fast ein Viertel des Saftes gesammelt haben, versiegeln Sie das Loch mit Harz oder Holzspachtel. Bei Pflanzen wie der Aloe vera kann man das Gel ernten, indem man ein Blatt seitlich aufschneidet und die Ränder abzieht.

Milchsaft gewinnen

Milchsaft wird aus den Stängeln von Pflanzen wie Löwenzahn gewonnen, indem man sie aufschneidet und über einem Glas oder Behälter auspresst. Es ist jedoch zu beachten, dass dieser Saft ätzend für die Haut sein kann, weshalb beim Sammeln Handschuhe getragen werden sollten.

Kräuter in der Küche

In der Regel haben Pflanzen, die Lebensmitteln zugesetzt werden, um sie zu würzen, für Geschmack zu sorgen oder sie zu verschönern, auch einen medizinischen Wert. Ein gutes Beispiel ist Rosmarin, der oft zu rotem Fleisch hinzugefügt wird, weil er die Verdauung fördert und medizinische Eigenschaften besitzt.

Aufgrund ihrer stark antiseptischen Eigenschaften, die bei Erkältungen und Magenproblemen helfen können, wird die Zitrone in gleicher Weise als Beilage zu Fisch verwendet. Sie kann sogar zur Behandlung von Lebensmittelvergiftungen eingesetzt werden. In China werden Lebensmittel, die der Gesundheit förderlich sind, als „Medizin" bezeichnet. Heilkräuter können auch auf verschiedene Weise in die Küche integriert werden, z. B.:

- Orientalische Gewürze wie Kurkuma, Chilipulver, Kardamom und Ingwer werden in Mahlzeiten häufig zum Schutz vor Magenkrankheiten und Infektionen verwendet.

- Heilkräuter sind eine gute Ergänzung für Smoothies und können mit Ginseng kombiniert werden, um bei geistigem oder körperlichem Stress zusätzliche Vitalität zu verleihen.
- Die Zugabe von Heilkräutern und Tinkturen zu Salaten kann diese aufwerten und ihnen mehr Geschmack verleihen.

Abkochungen

Abkochungen oder Aufgüsse werden gewöhnlich aus Wurzeln, Rinde und Beeren zubereitet. Manchmal enthalten sie auch Blätter, Blüten und andere zarte Teile der Pflanzen. Sie können wie folgt zubereitet werden:

1. Stellen Sie die Kräuter in einem Topf auf den Herd.
2. Bedecken Sie diese mit kaltem Wasser und bringen Sie sie zum Kochen.
3. Lassen Sie sie 30 Minuten köcheln, bis ein Drittel der Flüssigkeit verkocht ist.
4. Seihen Sie die Kräuter durch ein Sieb in einen Krug ab.
5. Gießen Sie die gewünschte Menge in eine Tasse und trinken Sie sie nach Belieben.
6. Bewahren Sie den Rest der Kräutermischung in einem kalten, trockenen Glas auf und verwenden Sie ihn vor dem Verfallsdatum.

Dampfinhalation

Die Inhalation von mittels kochendem Wasser erzeugten Kräuterdämpfen ist ein wirksames Mittel gegen Hals- und Atemwegserkrankungen wie Schnupfen, Asthma, Nasennebenhöhlenentzündung und Heuschnupfen. Das Verfahren kann dazu beitragen, die Atemwege mittels antiseptischer Kräuter zu befreien. Um eine Dampfinhalation mit Kräuterheilmitteln durchzuführen, gehen Sie wie folgt vor:

1. Füllen Sie eine große Schüssel mit kochendem Wasser.
2. Fügen Sie fünf bis zehn Tropfen ätherische Öle hinzu.
3. Alternativ können Sie auch 25 g Kräuter mit einem Liter Wasser aufgießen.
4. Diese Mischung sollten Sie 30 Minuten lang ziehen lassen.
5. Beugen Sie Ihren Kopf über die Schüssel, bedecken Sie ihn mit einem weichen Handtuch und schließen Sie die Augen, um den Dampf einzuatmen.
6. Inhalieren Sie den Dampf bis zu elf Minuten lang, bis das Wasser abgekühlt ist.
7. Nach dem Inhalieren sollten Sie 30 bis 45 Minuten in einem warmen Raum bleiben, damit sich der Schleim vollständig löst.

Risiken

Wie alles müssen auch pflanzliche und medizinische Praktiken in Maßen angewendet werden. Viele Pflanzen sind giftig, daher sollten Sie sich vor der Einnahme von Kräuterheilmitteln genau über deren Inhaltsstoffe informieren. Bei Kindern sollte ein Kinderarzt konsultiert werden, bevor ein Kräuterheilmittel angewendet wird. Halten Sie sich außerdem an die empfohlene Dosierung, um eine Überdosierung zu vermeiden. Pflanzliche Produkte sollten nur in kleinen Mengen konsumiert werden, um schwere Nebenwirkungen zu vermeiden. Produkte, die sich in kleinen Dosen bewährt haben, können in größeren Dosen oft negative Nebenwirkungen oder allergische Reaktionen hervorrufen. Achten Sie daher auf die Reaktion Ihres Körpers, um schwere Nebenwirkungen zu vermeiden. Bei Hautausschlag, Schwindelgefühl, schwerer Atmung oder schweren allergischen Reaktionen sollte ein Arzt aufgesucht werden, da es sich um einen anaphylaktischen Schock handeln kann.

Viele Kräuter können gefährlich sein und schon bei geringem Kontakt Reaktionen hervorrufen. Wenn Sie Pflanzen in der freien Natur sammeln, sollten Sie wissen, dass einige von ihnen giftig sein können. Bei der Herstellung von Heilmitteln sollten Sie sich von Substanzen wie Eisenhut, Arnika, Tollkirsche und Yohimbe fernhalten, da sie potenziell tödlich sein können. Daher sollten die Kräuter vor der Zugabe zu pflanzlichen Heilmitteln geprüft und korrekt identifiziert werden.

Säule 3
Porträts

In Säule 3 geht es um die Porträts verschiedener Kräuter, Pflanzen, Blumen und Hölzer, die eine Reihe von natürlichen, für die ganzheitliche Gesundheit unerlässlichen Heilmitteln abdecken. Von Acker-Schachtelhalm bis Zitronenmelisse taucht dieses umfangreiche Kapitel in die medizinischen Eigenschaften dieser Wunderwerke der Natur ein. Anhand von Pflanzen wie Löwenzahn und Knoblauch wird ihr Nutzen für die menschliche Gesundheit aufgezeigt, da sie beispielsweise fiebersenkend, blutdrucksenkend und krampflösend wirken. Im weiteren Verlauf des Kapitels wird aufgedeckt, auf welche Weise andere Kräuter, Pflanzen und Blumen wegen ihrer Heilkräfte verwendet werden.

— 5 —

Porträts von Kräutern, Pflanzen, Blumen und Hölzern

Acker-Schachtelhalm

Der in Teilen Europas und Mittelamerikas beheimatete Acker-Schachtelhalm mit seinen grünen und dicht verzweigten Stängeln wird in der Medizin zur Behandlung von Wunden, zur Verbesserung von Haut und Haar und zur Förderung der Knochengesundheit eingesetzt. Er ist auch ein natürliches Diuretikum, das als Salbe zur Hautregeneration die Wundheilung unterstützen kann. Acker-Schachtelhalm ist reich an Antioxidantien und Kieselsäure und schützt vor freien Radikalen, die Zellschäden verursachen können. Diese Pflanze ist sehr nützlich, weil die Kieselsäure Haut, Nägel, Haare und Knochen gesund hält. Außerdem unterstützt der Schachtelhalm die Knochenheilung, indem er Kollagen umwandelt, um Kalzium zu absorbieren und die Knochendichte zu erhöhen.

Alant

Der Alant ist an seinen goldgelben Blüten und großen, spitzen Blättern zu erkennen und wird als Tonikum bei Atemwegsbeschwerden eingesetzt. Die Pflanze enthält wichtige Mineralien wie Inulin, Alantol, Triterpensaponin, Sterole und Polyine, die die Heilung fördern. Diese Elemente wirken auch bei der Behandlung gegen:

- chronische Bronchitis,
- Husten,
- Würmer,
- als Antiseptikum für Wunden,
- Entzündung der Schleimhäute und Bronchialschleimhaut,
- Probleme mit der Immunität,
- Lungeninfektionen,
- chronische Lungenprobleme,
- Verdauungsprobleme,
- Grippe,
- Mandelentzündung.

Aloe vera

Die in Afrika beheimatete Aloe vera ist eine Topfpflanze, die transparentes Gel enthält. Dieses wird häufig zur Behandlung von Wunden und Verbrennungen verwendet. Es wird behauptet, dass seine Verwendung die Heilung dieser Verletzungen beschleunigen und gleichzeitig die Gefahr einer Infektion minimieren kann. Die Pflanze wird auch häufig angewendet als:

- Abführmittel bei Verstopfung,
- für Hautbehandlungen,
- Behandlung von Verbrennungen,
- Hautkrankheiten,
- Sonnenbrand,
- Krampfadern (Varizen),

- Behandlung von Geschwüren und des Reizdarmsyndroms,
- zur Appetitanregung beim Trinken von Wasser.

Bevor Sie Aloe vera verwenden, sollten Sie jedoch einige Sicherheitsmaßnahmen beachten:

- Vermeiden Sie es, den bitteren, gelben Aloe-Saft direkt auf die Haut aufzutragen, da dies zu Reizungen und Reaktionen führen kann.
- Schwangere und stillende Frauen sollten den Verzehr von Aloe ferox vermeiden.
- Menschen mit Hämorrhoiden oder Nierenleiden sollten keine Aloe vera konsumieren.

Außerdem kann Aloe vera zur Behandlung von Verbrennungen und Ekzemen verwendet werden, indem man das Blatt aufbricht und das Gel auffängt. Dieses Gel sollte für optimale Ergebnisse zweimal täglich großzügig aufgetragen werden.

Ashwagandha

Ashwagandha, auch bekannt als indischer Ginseng oder Winterkirsche, ist an ihrem immergrünen Strauchwerk zu erkennen und in vielen Regionen zu finden, darunter Indien, der Nahe Osten und Afrika. Sie wird wegen ihrer Wurzeln und orangeroten Früchte kultiviert und hat verschiedene medizinische Verwendungszwecke, wie die Linderung von Müdigkeit, Hauterkrankungen und Entzündungen sowie die Behandlung von Diabetes und Epilepsie. Darüber hinaus ist sie dafür bekannt, dass sie bei Stress und Angstzuständen eine beruhigende Wirkung hat; ihre Fähigkeit, Cortisol und Stresshormone zu reduzieren, deutet darauf hin. Es hat sich sogar gezeigt, dass Ashwagandha als natürliches Schmerzmittel bei Gelenkschmerzen und rheumatoider Arthritis wirkt.

Baldrian

Baldrian wird seit der Römerzeit medizinisch verwendet und ist an seinen geteilten Blättern und rosa Blüten zu erkennen. Außerdem wurde er medizinisch zur Behandlung von folgenden Krankheiten eingesetzt:

- nervliche Anspannung,
- Ängstlichkeit und übermäßige Aufregung,
- hoher Blutdruck,
- schlechte Schlafqualität,
- Depression,
- Zittern, Panik, Herzklopfen und Schweißausbrüche,
- Nackenverspannungen,
- Koliken,
- Reizdarm,
- Muskelkrämpfe,
- Menstruationsbeschwerden.

Die ätherischen Öle, Iridoide und Alkaloide des Baldrians wirken zusammen, um diese Beschwerden zu behandeln.

Bärentraube

Die Bärentraube ist ein mehrjähriger Strauch mit auffallend glänzenden grünen Blättern, glockenförmigen rosa Blüten und kleinen roten Beeren. Ursprünglich in Europa beheimatet, hat sich die Pflanze in der nördlichen Hemisphäre bis in die Arktis ausgebreitet. Die Pflanze gedeiht an feuchten Standorten, wie im Unterholz und auf Wiesen. Die Ernte der Blätter und Beeren erfolgt in der Regel im Herbst. Die Inhaltsstoffe Arbutin, Gerbstoffe, Phenolglycoside und Flavonoide sorgen für die heilenden Eigenschaften, die oft zur Behandlung folgender Krankheiten eingesetzt werden:

- Harnwegsinfektion,
- chronische Blasenentzündung,
- Harnröhrenentzündung,
- Bakterien.

Die amerikanischen Ureinwohner haben die Bärentraube zur Entspannung auch als Tabak verwendet. Bei gleichzeitiger Infektion der Nieren oder bei Nierenkranken ist jedoch Vorsicht geboten.

Bockshornklee

Bockshornklee, den man an seinem nelkenähnlichen Aussehen erkennen kann, ist im Mittelmeerraum, in Südeuropa und in Westasien beheimatet. Seine Samen werden häufig in der Küche, aber auch in der Medizin verwendet und können durch den Geruch und Geschmack nach Ahornsirup identifiziert werden. Aus diesem Grund wird Bockshornklee gerne in Gewürzmischungen, Aromastoffen, Getränken und Tabak verwendet. Außerdem wird er medizinisch wie folgt verwendet:

- zum Verlangsamen der Aufnahme von Zucker, um die Insulinproduktion anzuregen,
- zur Senkung des Blutzuckerspiegels bei Menschen mit Diabetes,
- zur Verbesserung des Testosteron- und Östrogenspiegels,
- zur Linderung von Menstruationsbeschwerden,
- um den Cholesterinspiegel zu senken,
- zur Bewältigung von Fettleibigkeit.

Braunelle

Die Braunelle, eine in Europa heimische Pflanze, ist für ihre heilenden Eigenschaften bekannt. Mit ihren spitzen, ovalen Blättern und den violetten und rosafarbenen Blütenbüscheln ist sie in der freien Natur leicht auszumachen. Sie wird traditionell verwendet, um folgende Krankheiten zu behandeln:

- Probleme mit der Leber,
- Kehlkopfprobleme,
- äußere Wunden,
- innere Blutungen,
- hoher Blutdruck,
- Harnwegsinfektionen,
- Verdauungsprobleme,
- Verstopfungen der Blutgefäße in Leber und Gallenblase,
- Gelbsucht,
- Halsweh,
- Leukorrhoe,
- Hämorrhoiden,
- Fieber,
- Kopfschmerzen,
- Benommenheit,
- Schwindel,
- wunde und entzündete Augen,
- entzündete und vergrößerte Drüsen, z. B. Lymphknoten,
- um Blutungen zu stoppen und den Heilungsprozess zu beschleunigen.

Zu den wichtigsten Bestandteilen gehören pentazyklische Triterpene, Gerbstoffe, Kaffeesäure und die Vitamine B1, C und K, die eine heilende Wirkung haben.

Brennnessel

Die Brennnessel, die an ihren lanzenförmigen Blättern und grünen Blüten mit gelben Stängeln zu erkennen ist, wird in der Kräuterheilkunde häufig zur Behandlung folgender Symptome und Krankheiten eingesetzt:

- septische Wunden,
- Nasenbluten,
- unregelmäßige Menstruationszyklen,
- Fieber,
- Arthritis,
- Anämie,
- Hautkrankheiten,
- Prostata-Probleme,
- Hämorrhagie,
- Prostatavergrößerung,
- Heuschnupfen.

Die Wirkstoffe im ätherischen Öl der Brennnessel, wie Bornylacetat, Beta-Caryophyllen, Iridoide und Alkaloide, haben therapeutische Eigenschaften und wirken unter anderem als mildes Beruhigungs- und Entspannungsmittel.

Cayennepfeffer

Der scharfe, brennende Geschmack des Cayennepfeffers macht ihn zu einer idealen Ergänzung für viele Gerichte. Seine medizinischen Eigenschaften sind vorteilhaft für den Kreislauf, die Verdauung und den Abtransport von Giftstoffen aus dem Körper. Er kann auch bei Arthritis, Frostbeulen, Koliken und Durchfall helfen. Zu den wichtigsten Inhaltsstoffen gehören Capsaicin, Carotinoide, Flavonoide, ätherische Öle und Steroidsaponine, die rheumatische und arthritische Beschwerden lindern. Darüber hinaus kann das Cayenne-Pulver in der Küche in Gewürzöl, Tinkturen, Tabletten und Salben verwendet werden, um Blähungen und Koliken zu lindern.

Oregano

Mit seinen olivgrünen Blättern und violetten Blüten wurde der echte Oregano in der Medizin zur Behandlung von Husten und Bekämpfung bestimmter Bakterien und Viren eingesetzt. Er wird verwendet, um die Heilung von offenen Wunden zu beschleunigen und Parasitenbefall zu beseitigen. In der Kräuterheilkunde wird er seit Jahrhunderten zur Behandlung folgender Beschwerden eingesetzt:

- Hautwunden,
- Muskelkater,
- Asthma,
- Krämpfe,
- Diarrhö,
- Erkältungen und Grippe,
- Verdauungsstörungen.

Die Hauptbestandteile von Oregano, nämlich Carvacrol und Thymol, haben antimikrobielle Eigenschaften, die zusammen zur Bekämpfung von Krankheiten beitragen.

Echinacea

Echinacea erhöht häufig die Widerstandskraft des Körpers gegen bakterielle und virale Infektionen. Dies geschieht, indem die Pflanze das Immunsystem des Körpers anregt, als Antibiotikum zu wirken, was Allergien lindert und Hautinfektionen beseitigt. Echinacea enthält heilende Inhaltsstoffe, wie z. B.:

- Alkamide,
- Kaffeesäurederivate,
- Polysaccharide,

- Humulen,
- Echinacein,
- Betain.

Diese heilenden Inhaltsstoffe stimulieren das Immunsystem, wirken als Antibiotikum, entgiften durch Anregung des Körpers zum Schwitzen, heilen Wunden und wirken antiallergisch.

Eibisch

Der Eibisch, dessen Wurzeln man an ihren braunen, faserigen Schalen erkennen kann, wird in der Regel wegen seiner Blüten, Wurzeln und Blätter geerntet, die zu medizinischen Zwecken verwendet werden. Seine Schleimstoffe sind reich an Antioxidantien, die gut für den Verdauungstrakt sind. Er kann auch Hautreizungen und Verdauungsstörungen, z. B. Geschwüre, behandeln. Außerdem kann er ein Heilmittel sein für:

- schweren trockenen Husten (als Hustensaft),
- Infektionen der Atemorgane,
- chronische Mundtrockenheit, Zahnfleischerkrankungen und Zahninfektionen,
- als Antihistaminika,
- Blutdruckprobleme,
- neurologische Probleme und Autoimmunkrankheiten,
- Magengeschwüre,
- Hautreizungen und Hautentzündungen,
- Ekzeme und Hautschäden durch Sonneneinstrahlung,
- Wunden.

In der Regel werden die Wurzeln des Eibisch als Tee aufgebrüht, sie können aber auch als Hustensirup und Wurzelpulverkapseln eingenommen werden.

Engelwurz

Die Engelwurz, die an ihren leuchtend grünen Blättern, grünlich-weißen Blüten und gerippten, aufrechten, hohlen Stängeln zu erkennen ist, kommt in Europa, im Himalaja und in Sibirien vor. Sie wächst oft in der Nähe von fließendem Gewässer an kühlen, feuchten Standorten und wird im Frühsommer wegen ihrer Wurzeln, Blätter, Stängel und Samen geerntet. Die Engelwurz ist dafür bekannt, dass sie ätherische Öle wie Beta-Phellandren, Lactone und Cumarine enthält. Sie wird für medizinische Zwecke wie folgt verwendet:

- für ihre entzündungshemmenden Eigenschaften,
- bei schweren Koliken,
- bei Verdauungsstörungen und Blähungen,
- zur Verbesserung der Durchblutung in verschiedenen Körperregionen,
- zur Behandlung des Buerger-Syndroms,
- zur Erweiterung verengter Arterien,
- bei Schleim,
- Bronchitis,
- verschiedenen Erkrankungen der Brust.

Fenchel

Der im Mittelmeerraum beheimatete Fenchel ist an seinen gelben Blüten zu erkennen, und seine Samen werden häufig als Küchengewürz verwendet. Aufgrund seines ähnlichen Aussehens und Geschmacks wird er oft mit Anis verwechselt. Fenchel bietet auch zahlreiche Heilwirkungen bei:

- Sodbrennen,
- Blähungen,
- Koliken bei Säuglingen,
- Infektionen der Atemorgane,

- Husten und Bronchitis,
- Cholera,
- Rückenschmerzen,
- zur Steigerung des Appetits.

Üblicherweise wird Fenchelpulver auch als Umschlag bei Schlangenbissen verwendet. Außerdem ist bekannt, dass er die Milchproduktion bei Müttern steigert, den Menstruationszyklus reguliert, Wehen und die Geburt erleichtert und sogar als Aphrodisiakum dient.

Gift-Lattich

Gift-Lattich wird medizinisch zur Behandlung folgender Beschwerden eingesetzt:

- Husten,
- Asthma,
- Harnwegsinfektionen,
- Schlaflosigkeit,
- Unruhe und Angstzustände,
- Menstruationskrämpfe,
- Gelenkbeschwerden,
- schlechte Durchblutung,
- zur Schmerzlinderung.

Ginkgo

Ginkgo ist ein Laubbaum, der in der traditionellen chinesischen Medizin häufig verwendet wurde. Er wurde zur Behandlung folgender Krankheiten und Symptome verwendet:

- schlechte Durchblutung des Gehirns,
- Asthma,
- Allergien,
- Entzündung.

Ginkgo besteht unter anderem aus Flavonoiden, Ginkgoliden und Bilobaliden und kann helfen, Pfeifatmung und Husten zu lindern. Er hat auch positive Auswirkungen auf die Gehirnleistung, wie die Förderung des Gedächtnisses und den Schutz vor Demenz. Darüber hinaus wird er häufig zur Behandlung von Autoimmunproblemen und Multipler Sklerose sowie zur Erholung nach Organtransplantationen eingesetzt.

Ginseng

Seit fast 7.000 Jahren wird der Ginseng in der chinesischen Medizin wegen seiner therapeutischen Wirkung verehrt. Er ist leicht an seinen rund gezahnten Blättern und den kleinen gelblich-grünen Blüten zu erkennen und wird zur Behandlung verschiedener Beschwerden eingesetzt, unter anderem bei:

- Ermüdung,
- Stress und emotionaler Belastung,
- Erkältungen,
- Extreme von Hunger und Fieber,
- Schlaflosigkeit,
- Immunschwäche und Infektionen,
- Problemen mit der Leber,
- Krankheit und Alter,
- als Aphrodisiakum für Männer.

Die Bestandteile des Ginsengs, darunter triterpenoide Saponine, acetylenische Verbindungen, Panaxane und Sesquiterpene, bilden ein starkes Tonikum, das der Gesundheit förderlich ist.

Goldrute

Diese leuchtend gelbe Blume, die häufig in der freien Natur vorkommt, wird üblicherweise in pflanzlichen Nahrungsergänzungsmitteln und Tees zur Behandlung verschiedener Beschwerden verwendet, wie:

- Harnwegsentzündungen,
- Entzündungen,
- Hefepilz-Infektionen,
- gegen freie Radikale,
- bei Herzkrankheit.

Diese in vielen Teilen der Welt, darunter Europa, Asien sowie Nord- und Südamerika, beheimatete Pflanze ist weithin für ihre heilenden Eigenschaften bekannt. Zu ihren aktiven Bestandteilen gehören Saponine, Flavonoide und Antioxidantien wie Quercetin und Kaempferol.

Heil-Ziest

Heil-Ziest ist vor allem in Europa, Westasien und Nordafrika verbreitet und hat eine lange Geschichte als Heilpflanze. Ziest wurde in verschiedenen Kulturen zur Verwendung in Arzneimitteln getrocknet und ist dafür bekannt, Asthma, Sodbrennen, Blasen- und Nierensteine sowie Durchfall zu behandeln. Auch bei Bluthochdruck ist er hilfreich, da er diesen senkt. Zudem lindert er Kopfschmerzen und Angstzustände.

Herzgespann

Echtes Herzgespann wird seit Langem als medizinisches Stärkungsmittel bei einer Vielzahl von Beschwerden eingesetzt, unter anderem bei Herzversagen und Herzrhythmusstörungen. Darüber hinaus ist es auch zur Behandlung von Angstzuständen geeignet. Außerdem kann es bei anderen Gesundheitsproblemen eingesetzt werden, wie:

- unregelmäßige Menstruationsblutungen,
- Blähungen,
- Hyperthyreose,
- juckende Haut und Gürtelrose,
- schlechtes Sehvermögen.

Himbeeren

Die süßen Himbeerfrüchte werden wegen ihrer antioxidativen Wirkung, die den Blutfluss in den Blutgefäßen fördert, häufig verwendet. Die Himbeere wurde auch zur Behandlung von Durchfall und Diabetes eingesetzt. Sie wird in der Regel als Frucht verzehrt. Vorsicht ist geboten, wenn schwangere Frauen Himbeeren als Arzneimittel einnehmen.

Holunder

Der Holunderbaum, der an seinen cremefarbenen Blüten und den blauschwarzen Beeren zu erkennen ist, wird häufig als Heilmittel für verschiedene Beschwerden verwendet, z. B. für:

- Erkältungen und Grippe,
- als mildes Diuretikum,
- als entzündungshemmendes Mittel,
- bei Fieber,
- verschleimter Nase und Rachen,
- Allergien,
- Ohrinfektionen,
- Hefepilz-Infektionen,
- Arthritis,
- Rheumatismus,

- Erysipel und anderen Hautinfektionen,
- Diarrhö,
- als mildes Abführmittel.

Die Blätter und Beeren enthalten cyanogene Glykoside, Flavonoide, Anthocyane und die Vitamine A und C, die für die Heilung in vielen Bereichen hilfreich sein können. Dieses natürliche Heilmittel hat eine Vielzahl von Anwendungsmöglichkeiten, von der Linderung von Reizungen bis zur Stärkung des Immunsystems.

Holunderbeere

Holunderbeeren enthalten Antioxidantien und Vitamine, die das Immunsystem stärken und heilen. Die Blüten und Beeren werden in der Regel geerntet und zur Behandlung von folgenden Krankheiten und Problemen verwendet:

- Entzündungen,
- Stress,
- Erkältungen und Grippe,
- Verstopfung,
- Gelenk- und Muskelschmerzen,
- Infektionen des Brustkorbs und der Atemwege,
- Kopfschmerzen und Fieber,
- Nierenprobleme,
- Epilepsie,
- Hautkrankheiten,
- Symptome von HIV und AIDS.

Außerdem sind sie reich an den Vitaminen C, B, B6 und E sowie an Antioxidantien, die zur Verringerung von Entzündungen beitragen können. Aufgrund ihrer harntreibenden Wirkung ist jedoch Vorsicht geboten, wenn Holunderbeeren während der Schwangerschaft oder Stillzeit medizinisch verwendet werden.

Ingwer

Ingwer, der in Asien wegen seiner unzähligen Verwendungsmöglichkeiten und Eigenschaften verehrt wird, ist an den Stängeln mit weißen und gelben Blüten und den lanzenförmigen Blättern zu erkennen. Die Pflanze wurde sogar im Kontext des Garten Edens erwähnt und wird zur Linderung von folgenden Beschwerden empfohlen:

- Reisekrankheit und postoperative Übelkeit,
- morgendliche Übelkeit,
- Frostbeulen und Durchblutungsstörungen an Händen und Füßen,
- Entzündungen,
- als Antiseptikum,
- bei Verdauungsbeschwerden und Verdauungsstörungen,
- Koliken,
- gastrointestinalen Infektionen,
- Lebensmittelvergiftung,
- hohem Blutdruck,
- Fieber,
- Husten, Erkältung und Grippe,
- Problemen mit der Atmung,
- Kopfschmerzen,
- Muskelkater,
- inneren Erkältungen, die sich in kalten Händen, schwachem Puls und blassem Teint äußern,
- Verdauungsgeschwüren.

Zingiberen, Gingerol und Shogaole sind Hauptbestandteile des Ingwers, sie wirken zusammen und heilen den Körper. Ihre kombinierte Kraft ermöglicht es ihnen, auf effektive Weise viele gesundheitliche Vorteile zu bieten.

Johanniskraut

Seit dem 19. Jahrhundert wird das Johanniskraut zur Behandlung von Störungen des Nervensystems eingesetzt. Die für ihre leuchtend gelben Blütenbüschel bekannte Pflanze enthält Komponenten wie Caryophyllen, Hypericin und Flavonoide, die durch folgende Eigenschaften als Heilmittel dienen:

- antidepressiv,
- krampflösend,
- adstringierend,
- beruhigend,
- schmerzlindernd,
- antiviral,
- als Stimulans der Galle.

Johanniskraut kann als Tonikum bei Angstzuständen, Spannungen, Schlaflosigkeit und Depressionen eingesetzt werden. Ebenso behandelt es die Symptome der Wechseljahre, indem es hormonelle Veränderungen und Energietiefs reguliert. Außerdem kann das Johanniskraut-Tonikum zur Unterstützung von Leber und Gallenblase eingesetzt werden. Johanniskraut-Mazerate können auch äußerlich angewendet werden, um Wunden, Verbrennungen, Muskelkrämpfe, Nervenschmerzen und andere äußere Verletzungen zu behandeln.

Kanadische Orangenwurzel

In der traditionellen nordamerikanischen Medizin wurde die Kanadische Orangenwurzel zur Heilung von Wunden und Geschwüren, zur Beruhigung entzündeter Augen, zur Abwehr von Insekten und zur Behandlung von Magen- und Leberbeschwerden eingesetzt. Auch in der heutigen Zeit wird sie als Hilfsmittel bei verschiedenen Beschwerden eingesetzt, darunter:

- durch ihre adstringierende Wirkung,
- als antibakterielles Heilmittel,
- bei Verschleimung,
- als Stärkungsmittel,
- bei Verstopfung,
- inneren Blutungen,
- als Diuretikum.

Die wesentlichen Bestandteile dieser Pflanze, darunter Alkaloide, Harz und ätherische Öle, machen sie zu einem wertvollen Heilmittel für verschiedene Körperteile. Dazu gehören Augen, Ohren, Nase und Rachen, aber auch Magen, Darm und Vaginalschleim. Die Einsatzmöglichkeiten der Kanadischen Orangenwurzel sind nicht nur auf die äußere Anwendung beschränkt, sondern die Pflanze kann auch als Mundspülung bei Zahnfleischentzündungen oder als Spülung bei Hefepilzinfektionen eingesetzt werden.

Kamille

Reich an Terpenoiden und Flavonoiden, bieten Kamillenblüten medizinischen Nutzen bei verschiedenen Beschwerden. So hilft Kamillentee bei Heuschnupfen, Muskelkrämpfen, Geschwüren, Schlaflosigkeit und unruhigem Schlaf, Hämorrhoiden, unregelmäßigen Menstruationsblutungen, Arthritis und Magen-Darm-Beschwerden. Außerdem hilft Kamille bei Wunden und kann sogar entzündungshemmend wirken.

Katzenkralle

Die Katzenkralle, die an ihren holzigen Ranken und hakenartigen Dornen zu erkennen ist, wächst in Teilen des Amazonasgebiets sowie Süd- und Mittelamerikas. Die Rinde und Wurzeln dieser Heilpflanze wurden häufig geerntet und zur Stärkung des Immunsystems, zur Entspannung und Glättung verspannter

Muskeln, zur Erweiterung verengter Blutgefäße und als natürliches Diuretikum verwendet. Außerdem ist bekannt, dass sie reich an Antioxidantien ist, die zellenschädigende und Krebs sowie Herzkrankheiten verursachende freie Radikale bekämpfen.

Katzenminze

Die Katzenminze, die an ihren dunkelgrünen, oval gezähnten Blättern zu erkennen ist, wurde in Teilen Mitteleuropas, im Norden der Vereinigten Staaten und in Kanada häufig zu medizinischen Zwecken verwendet. Die getrockneten Blätter und die weiß blühenden Spitzen werden geerntet, um Magenkrämpfe und Verdauungsstörungen zu behandeln, den Appetit anzuregen, den Menstruationszyklus zu regulieren und Durchfall, Koliken, Erkältungen und Krebs zu behandeln. Das Kraut kann auch zu einem Tee verarbeitet werden, um Angstzustände, nervöse Zustände und Nesselsucht zu behandeln. Ebenso werden getrocknete Blätter der Katzenminze geraucht und inhaliert, um Infektionen der Atemwege zu behandeln. Außerdem kann man aus Katzenminze einen Umschlag machen, der äußerlich angewendet wird, um Schwellungen zu lindern.

Kiefer

Die Spitzen, Rinde und Nadeln der Kiefer werden zur Herstellung von Arzneimitteln geerntet. Die Kiefer wird vor allem zur Behandlung von Infektionen der Atemwege, Schwellungen und Entzündungen eingesetzt. Sie wird auch zur Behandlung von verstopfter Nase, Erkältung, Husten und Bronchitis verwendet. Die Kiefer wird zudem zur Behandlung von Infektionen und zur Blutdruckregulierung eingesetzt und kann äußerlich zur Behandlung von Muskel- und Nervenschmerzen angewendet werden. Sie ist auch schwach wirksam bei der Abtötung von Pilzen und Bakterien.

Kletten-Labkraut

Kletten-Labkraut, das an seinen grünlich-weißen Blüten und winzigen Borsten, die an der Kleidung haften bleiben, zu erkennen ist, wurde schon weitverbreitet in Teilen Europas, Nordamerikas, Asiens, Grönlands und Australiens gefunden. Die Samen werden oft getrocknet, geröstet und zu einem kaffeeähnlichen Gebräu gegen die folgenden Krankheiten verarbeitet:

- Ekzeme,
- Psoriasis,
- Krebs,
- Geschwüre,
- Verbrennungen,
- Akne,
- Schwellungen,
- geschwollene Drüsen,
- Harnwegsinfektionen.

Kletten-Labkraut wird als Saft, Kräutertinktur und Tee zubereitet und entsprechend der empfohlenen Dosierung konsumiert.

Knoblauch

Knoblauch, der oft an seinem starken Geruch und Geschmack erkannt wird und für den Hausgebrauch bekannt ist, kann zur Behandlung einer Reihe von Gesundheitsproblemen eingesetzt werden, unter anderem:

- Infektionen der Nase, des Rachens und der Brust,
- erhöhter Cholesterinspiegel,
- Durchblutungsstörungen,
- hoher Blutdruck,
- Blutzuckerschwankungen,
- Diabetes,

- Blutgerinnsel,
- Würmer.

Außerdem ist Knoblauch reich an den Vitaminen A, B, C und E, an Selen, Scordininen, Alliin, Alliinase und Allicin.

Königskerze

Die Blüten der Königskerze, die in den Bergregionen Pakistans und der Türkei geerntet werden, enthalten Wirkstoffe zur Behandlung folgender Krankheiten:

- Infektionen,
- Asthma,
- Bronchitis,
- Lungenentzündung,
- Erkältungen,
- Husten,
- Mandelentzündung,
- Ohrenschmerzen,
- gastrointestinalen Blutungen,
- Prellungen,
- Frostbeulen.

Kurkuma

Kurkuma ist bekannt für ihre leuchtend gelbe Farbe und ihren kultigen, würzigen Geschmack. Sie ist eine beliebte Zutat in der indischen Küche. Kurkuma wird seit Langem medizinisch verwendet, um bei Leber- und Verdauungsproblemen zu helfen, und kann zur Behandlung folgender Beschwerden eingesetzt werden:

- Blutgerinnung,
- entzündliche Zustände,

- hoher Cholesterinspiegel,
- Probleme mit dem Verdauungstrakt.

Kurkuma verfügt über natürliche antioxidative sowie stark antibakterielle Eigenschaften und enthält Bestandteile wie ätherische Öle, Zingiberen und Turmeron, die sich positiv auf die Heilung von Arthritis und Hauterkrankungen auswirken. Curcumin, ein noch stärkeres Antioxidans als Vitamin E, ist bei äußerer Anwendung besonders wirksam.

Lapacho

Lapachotee wird aus der inneren Rinde des Tabebuia-Baums gewonnen und stammt aus Mittel- und Südamerika. Er wird häufig verwendet, um Entzündungen im Körper zu lindern und die Gewichtsabnahme zu unterstützen. Die rosafarbenen und violetten Blüten weisen darauf hin, dass es sich um ein hartes Holz handelt, das von den Ureinwohnern für den Bau von Jagdbogen verwendet wurde. Der Tee hat antibakterielle und antimykotische Eigenschaften und kann zur Behandlung von Krankheiten wie Krebs, Fettleibigkeit und Herzkrankheiten eingesetzt werden. Die entzündungshemmenden Eigenschaften wurden auch zur Behandlung von Arthrose, Schwellungen, Schmerzen und Gelenksteifheit eingesetzt. Es gibt Lapacho in Kapsel-, Flüssig- und Pulverform. Traditionell lässt man die Rinde in kochendem Wasser ziehen, welches anschließend als starkes Tonikum eingenommen wird.

Lavendel

Lavendel wird oft als Entspannungsmittel angesehen und an den violetten Blüten des büschelweise wachsenden Strauchs erkannt. Die wichtigsten Komponenten von Lavendel sind Flavonoide, Gerbstoffe und Cumarine, die zur Behandlung folgender Beschwerden verwendet werden können:

* Muskelkrämpfe,
* Depression,
* Schlaflosigkeit,
* Reizbarkeit,
* Kopfschmerzen und Migräne,
* Verdauungsstörungen,
* Koliken,
* Blähungen und Völlegefühl,
* Asthma,
* Verbrennungen,
* Wunden,
* Entzündungen.

Das Einmassieren von Lavendelöl in die Schläfen und die Kopfhaut kann helfen, Kopfschmerzen zu lindern. Ebenso kann es auf verspannte Muskeln aufgetragen werden, um Verspannungen und Schmerzen zu lindern.

Linde

Linde, die wegen ihrer getrockneten Blüten, Blätter und wegen ihres Holzes geerntet wird, wird üblicherweise zur Behandlung von folgenden Krankheiten eingesetzt:

* Erkältungen,
* verstopfte Nase,
* Halsentzündungen,
* Atemprobleme wie Bronchitis,
* Kopfschmerzen,
* Fieber,
* Verschleimung,
* hoher Blutdruck und schneller Herzschlag,
* Hämorrhagie,
* nervliche Anspannung,
* Schlaflosigkeit,

- Blasenprobleme,
- Muskelkrämpfe.

Die Rinde der Linde wird bei Leber- und Gallenblasenerkrankungen und Schwellungen verwendet.

Löwenzahn

Der Löwenzahn, auch bekannt als Kettenblume, Kuhblume oder Ackerzichorie, ist ein Kräuterheilmittel, das wegen seiner heilenden Eigenschaften weitverbreitet ist. Der zur Familie der Korbblütler gehörende Löwenzahn wächst in Wäldern, auf Feldern, in städtischen Gebieten und sogar auf Rasenflächen zwischen Betonplatten. Der Löwenzahn blüht den ganzen Sommer und Winter hindurch. Er ist leicht an seinem unverzweigten und hohlen Stängel mit einer einzelnen Blüte und ganzjährigen Blättern zu erkennen.

Der Löwenzahn wird oft mit den folgenden Pflanzen verwechselt:

- Gift-Lattich, der höher wächst, kleinere Blüten und gezackte Blätter hat, die sich von denen des Löwenzahns unterscheiden.
- Die Gemüse-Gänsedistel ist dem Löwenzahn sehr ähnlich und hat auch dessen Eigenschaften.
- Gemeines Ferkelkraut oder Wiesenferkelkraut wird oft mit echtem Löwenzahn verwechselt, ist aber an seinen behaarten Blättern mit gewellten oder gezackten Rändern und kleinen, gelb gefärbten Samenballen zu erkennen.

Löwenzahn kann man an folgenden Kriterien erkennen:

- Scharf gezähnte oder gezackte Blätter, die in bestimmten Gebieten auch als „speerförmig" beschrieben werden.

- Kreisförmige Blattanordnung, die eine grundständige Rosette bildet.
- Höhe bis zu 30 Zentimeter, kann auch nur acht Zentimeter groß sein.
- Tiefgrün und gelappt, mit gezähnten Rändern und ohne erkennbare Adern.
- Fehlende Behaarung an der Unterseite der Blätter.

Außerdem lässt sich Löwenzahn an seinen Stängeln erkennen, die folgende Merkmale aufweisen:

- ein violetter Farbton,
- milchiger Saft im Inneren, wenn er aufgebrochen wird,
- innen hohl.

Ebenso können die folgenden Merkmale Löwenzahnblüten identifizieren:

- leuchtend gelbe Blüten von etwa 2,5 bis 5 cm Durchmesser,
- flache und breite Blütenblätter,
- viele Blütenblätter,
- die geschwungene Form beginnt an der Unterseite der Blüte,
- verwandeln sich nach der Blüte in Samenstände („Pusteblume").

Die Löwenzahnwurzeln zu guter Letzt werden typischerweise mit den folgenden Eigenschaften beschrieben:

- fleischlich,
- verzweigtes Gewirr um die Wurzel,
- dunkelbraune oder weiße Färbung.

Löwenzahn wird in der Kräuterkunde oft wegen seiner Fähigkeit, sich schnell zu regenerieren, bevorzugt. Er ist essbar und kann in Gerichten von gebratenem Gemüse oder als Tee sowie in Öl und Butter gebraten verwendet werden. Er kann einem Salat oder Smoothie zugefügt, getrocknet oder in Wein und Essig eingelegt werden. Die Stängel dieser Blüten werden häufig in Pfannengerichten, Suppen, Salaten und Smoothies verwendet, was sie vielseitig einsetzbar macht.

Zu den medizinischen Anwendungen des Löwenzahns gehören:

- die Zubereitung von Kräutertees aus gekochten Wurzeln und Blättern,
- die Herstellung eines Suds aus den gekochten Wurzeln,
- die Zubereitung von Tinkturen aus den gekochten Wurzeln,
- die Herstellung von Umschlägen aus den Blättern,
- die Herstellung eines Konzentrats für die Sirupherstellung,
- die Verwendung des Pflanzensafts zur Behandlung von Wunden.

Mädesüß

Mädesüß wird seit dem Mittelalter bei Magenbeschwerden und entzündlichen Erkrankungen wie Arthritis eingesetzt. Es enthält Salicylsäure, Flavonolglykoside, Phenolglykoside und Gerbstoffe, die zusammen wie folgt wirken:

- als Diuretikum,
- entzündungshemmend,
- zur Linderung von Magenschmerzen,
- als Antirheumatikum,
- adstringierend.

Salicylate können wie Aspirin betrachtet werden, sie reduzieren Entzündungen und lindern Schmerzen. Der einzigartige Cocktail aus Salicylaten, Gerbstoffen und anderen Stoffen schützt die

Magenschleimhaut. Mädesüß ist auch ein Mittel gegen Verdauungsstörungen, das den Säuregehalt im Magen reduziert, was wiederum den Säuregehalt im ganzen Körper senkt.

Maisgrannen

Maisgrannen sind in Südamerika seit 4.000 Jahren nicht nur ein Grundnahrungsmittel. Sie wurden auch medizinisch verwendet:

- zur Behandlung von Erkrankungen der Harnwege,
- zur Erhöhung der Milchproduktion,
- um Blutungen aus der Gebärmutter zu stoppen,
- um die Geburt einzuleiten,
- als Diuretikum,
- zur Stimulation der Gallensekretion,
- zur Senkung des Blutdrucks,
- zur Verringerung der Blutgerinnung,
- um Blutergüsse zu behandeln,
- bei Wunden,
- Furunkeln,
- um juckende Haut zu behandeln,
- als nützliches Diuretikum für Menschen, die Probleme beim Wasserlassen haben,
- zur Behandlung häufiger Reizung der Blasen- und Harnröhrenwände,
- als Hilfe bei Prostataerkrankungen,
- um einer Nierensteinbildung entgegenzuwirken,
- um chronische Zystitis zu behandeln,
- um Wassereinlagerungen und Gelbsucht zu behandeln.

Zu den wichtigen Mineralien von Mais und Maisgrannen, die die Heilung ermöglichen, gehören Flavonoide, Alkaloide, Allantoin, Saponine, Schleimstoffe, die Vitamine C und K sowie Kalium.

Mariendistel

In Europa ist die Mariendistel als wirksames Mittel zur Behandlung von Depressionen bekannt. Darüber hinaus wird sie aufgrund ihrer wesentlichen Bestandteile, den Flavonolignanen und den Polyacetylenen, die die Leber vor Schäden und anderen toxischen Elementen schützen, auch bei Lebererkrankungen eingesetzt, die beispielsweise durch Alkohol oder Lebensmittelvergiftungen verursacht werden. Außerdem wurde die Mariendistel sogar zur Behandlung von Leberschäden eingesetzt, die durch die Einnahme von Tetrachlorkohlenstoff oder dem Grünen Knollenblätterpilz innerhalb von 48 Stunden nach der Einnahme verursacht wurden. Diese Behandlungen werden in der Regel in Form von Abkochungen, Kapseln, Tinkturen oder Aufgüssen angeboten.

Mönchspfeffer

Der auch als Keuschlamm bekannte Mönchspfeffer wird häufig zur Bekämpfung von Hormonstörungen eingesetzt. Die Nutzen dieses Krauts sind zahlreich und umfassen die Unterstützung bei PMS-Symptomen wie schlechter Stimmung, Brustschmerzen und Blähungen. Als Vorsichtsmaßnahme sollten Mönchspfeffer nicht eingenommen werden, wenn man stillt, hormonell verhütet, eine Schwangerschaft plant oder an hormonempfindlichen Krankheiten wie Brust- und Prostatakrebs leidet. Auch bei Anzeichen einer unerwünschten Reaktion wie Erbrechen, Kopfschmerzen, Durchfall und Veränderungen im Menstruationszyklus sollte ein Arzt aufgesucht werden.

Mutterkraut

Mutterkraut ist ein beliebtes Heilkraut für Frauen; es wird allgemein verwendet für:

- Migräne und Kopfschmerzen,
- Arthritis,
- Rheumatismus,
- als Analgetikum,
- bei Menstruationsblutungen.

Es enthält ätherische Öle, Sesquiterpenlactone und Campher, die als Wirkstoffe heilende und medizinische Eigenschaften haben.

Odermennig

Odermennig wird üblicherweise verwendet für:

- Halsentzündungen,
- Magenverstimmung,
- Diarrhö,
- Reizdarmsyndrom,
- Diabetes,
- Erkrankungen der Gallenblase,
- als Antihistaminikum,
- als Beruhigungsmittel,
- zur Flüssigkeitsretention,
- bei Krebs,
- Hühneraugen und Warzen,
- Tuberkulose.

Dieses Kräuterheilmittel enthält Gerbstoffe, die heilende Eigenschaften haben. Die Pflanze kann direkt auf die Haut aufgetragen werden, um offene Wunden zu trocknen oder Rötungen, Schwellungen und Entzündungen zu lindern. Odermennig sollte in kleinen Dosen eingenommen werden, da Gerbstoffe in großen Mengen schädlich sein können.

Olivenbaumblätter

Die vom Olivenbaum geernteten Olivenblätter werden aufgrund ihrer antioxidativen und entzündungshemmenden Eigenschaften in der Medizin verwendet. Gleichzeitig ist ihr Wirkstoff, die phenolischen Verbindungen, für seine antivirale und antibakterielle Wirkung bekannt. Aufgrund ihrer vielfältigen therapeutischen Eigenschaften werden Olivenblätter zur Behandlung verschiedener Beschwerden eingesetzt, wie:

- Verdauungsbeschwerden,
- Problem des Nervensystems,
- mikrobielles Wachstum,
- Entzündungen,
- Schmerzen,
- Oxidation und Zellschäden.

Olivenölextrakt wurde auch zur Unterstützung der Gewichtsabnahme, der Herzgesundheit und gegen Herpes verwendet. Die Einnahme kann in kleinere tägliche Dosen aufgeteilt werden. Olivenöl kann das Risiko von Herz-Kreislauf-Erkrankungen verringern, den Blutdruck senken, Typ-2-Diabetes behandeln, die Gewichtsabnahme fördern, freie Radikale im Körper beseitigen, die Immunität gegen Krankheiten stärken, Herpes bekämpfen, Entzündungen verringern und Krebs vorbeugen.

Pfefferminze

Die Ägypter haben die Pfefferminze seit 1000 v. Chr. wegen ihrer heilenden Eigenschaften verwendet. Auch die Griechen und Römer schätzten Pfefferminzkraut wegen seiner medizinischen Eigenschaften. Das Kraut wurde zur Behandlung wie folgt verwendet:

- bei Blähungen und Flatulenz,
- Koliken,
- bei Störungen der Gallensekretion,
- Muskelkrämpfen,
- Hautkrankheiten,
- Reizdarmsyndrom,
- Diarrhö,
- Kopfschmerzen und Migräne,
- Infektionen der Atemwege,
- als antiseptische Behandlung.

Ringelblume

Die Ringelblume oder Calendula mit ihren unverwechselbaren leuchtend orangefarbenen Blütenblättern wird seit Langem als Hausmittel für entzündete Haut verwendet. Sie kann Infektionen stoppen, den Heilungsprozess beschleunigen sowie den Körper entschlacken und entgiften. Bei chronischen Erkrankungen sind Ringelblumenaufgüsse eine Erfolg versprechende Option. Grund dafür sind ihre wesentlichen Bestandteile, Triterpene, Harze, Glykoside, ätherisches Öl, Sterole, Flavonoide, Schleimstoffe und Carotine, die starke heilende Eigenschaften besitzen. Zu ihren wichtigsten Wirkungen gehören:

- entzündungshemmende Eigenschaften,
- Linderung von Muskelkrämpfen,
- adstringierende Wirkung,
- Verwendung als Kur gegen Hämorrhagie,
- Wundheilung,
- entgiftende Eigenschaften,
- schwach östrogene Wirkung.

Die Ringelblume wird regelmäßig zur Herstellung von Aufgüssen, Tinkturen, Cremes und Salben verwendet, die alle ihre Vorteile bei der Behandlung mit der Pflanze haben können. Diese

Präparate können dazu beitragen, Entzündungen zu lindern und Infektionen zu bekämpfen, was den Anwender entlastet.

Rotklee

Die Wildblüten des Rotklees werden traditionell zur Behandlung von Asthma, Husten, Arthritis und Krebs eingesetzt. Rotklee ist an seinen dunkelrosa Blüten zu erkennen, die auch als beliebte Dekoration im Essen verwendet werden. In Südamerika wurde die Pflanze auch als Mittel zur Verbesserung der Bodenqualität verwendet. Rotklee ist ein traditionelles Heilmittel zur Behandlung von:

- Osteoporose,
- Herzkrankheiten,
- Arthritis,
- Hautkrankheiten,
- Menstruationskrämpfe und -symptome,
- Wechseljahrsbeschwerden.

Kohlrose

Diese Rose, auch Indische Kohlrose genannt, ist eine verholzende, mehrjährige Pflanze mit ovalen Blättern. Ihre Frucht ist fleischig und kann gegessen werden. Wenn diese Frucht reif ist, wird sie als Hagebutte bezeichnet. Diese existiert weltweit in verschiedenen Hybridsorten. Sie kann zur Blutreinigung verwendet werden und hat entzündungshemmende und aphrodisierende Eigenschaften. Sie wurde auch zur Heilung von Geschwüren und Durchfall eingesetzt. Zu ihren praktischen Anwendungen gehören:

- Behandlung des Blutdrucks,
- Behandlung von Herzkrankheiten,
- Heilung von Wunden,

- Regulierung übermäßigen Schwitzens,
- Antiseptikum für Augeninfektionen,
- bei Gastritis,
- Verstopfung,
- Koliken,
- als Gurgelwasser bei Halsentzündungen,
- gegen Skorbut,
- Schlaflosigkeit,
- brennendes Gefühl im Körper.

Die frischen und getrockneten Blütenblätter der Rose werden zur Herstellung von Tinkturen, Tees, Pulvern und Kräutermischungen für die medizinische Anwendung verwendet.

Rosmarin

Rosmarin, der sich durch seinen immergrünen Strauch und seine Kiefernnadeln ähnlichen Blätter auszeichnet, wird in Teilen Europas häufig als Heilpflanze verwendet. Rosmarin wird in der Medizin zur Behandlung wie folgt eingesetzt:

- Stärkung von Gedächtnis und Konzentration,
- Verbesserung der Durchblutung von Kopf und Kopfhaut,
- bei Energiemangel und Müdigkeit,
- als entzündungshemmendes Mittel,
- als leichtes Analgetikum bei Anwendung auf der Haut,
- als die Blutkapillaren stärkend,
- Kopfschmerzen und Migräne,
- Epilepsie und Schwindel,
- Ohnmacht und Schwäche aufgrund von Kreislaufschwäche,
- unterstützt die gesunde Funktion der Nebennieren und kann zur Verbesserung von Kreislauf und Verdauung beitragen
- zur Stressbehandlung,

- zur Behandlung von leichten bis mittelschweren Depressionen,
- bei Ohrenschmerzen,
- bei Rheuma.

Die ätherischen Öle der Pflanze, die Flavonoide, Gerbstoffe, die Rosmarinsäure und Diterpene wirken medizinisch gegen diese Beschwerden.

Salbei

Salbei oder Salvia, wie sein botanischer Name lautet, ist ein gängiges Kräuterheilmittel für:

- Halsentzündungen (als Gurgelwasser),
- schlechte Verdauung,
- unregelmäßige Menstruationsblutungen,
- als starkes Antiseptikum,
- zur Linderung von Blähungen,
- die Regulierung von Östrogen, indem es die Muttermilchproduktion verringert,
- als starker Entzündungshemmer,
- zur Linderung von Muskelkrämpfen,
- seine stark antimikrobielle Wirkung,
- seine antiseptische Wirkung,
- als starkes Nerventonikum,
- zur Behandlung von leichter Diarrhö,
- Hitzewallungen und hormonelle Veränderungen in den Wechseljahren,
- Asthma.

Die Salbeibestandteile, wie ätherische Öle, Diterpene, Flavonoide, Phenolsäuren und Gerbstoffe, werden gemeinsam zur Heilung des Körpers eingesetzt.

Sägepalme

Mit ihren gelbgrünen Blättern und elfenbeinfarbenen Blüten wird die Sägepalme seit dem 19. Jahrhundert als medizinisches Tonikum verwendet. Sie kann zur Behandlung zahlreicher Beschwerden eingesetzt werden, darunter:

- Schwäche,
- Probleme mit den ableitenden Harnwegen,
- vergrößerte Prostatadrüsen und Prostatainfektionen,
- Gewichtszunahme,
- Ermüdung,
- Probleme mit den Fortpflanzungsorganen,
- schwache Blase,
- Blasenentzündung,
- für ihre östrogene Wirkung bei Frauen,
- als Aphrodisiakum.

Die Hauptbestandteile der Sägepalme, wie Fettsäuren, Pflanzensterine, Polysaccharide und Tannine, wirken zusammen, um potenzielle Heilwirkungen zu erzielen.

Schafgarbe

Die Schafgarbe, eine traditionelle europäische Pflanze, wird seit Langem zur Behandlung von Kriegsverletzungen eingesetzt. Neben der weiteren Verwendung bei Erkältungen, Grippe und Allergien wie Heuschnupfen hilft sie auch bei Menstruationsbeschwerden und Kreislaufproblemen. Die Schafgarbe kann verwendet werden zur Behandlung von:

- Harnwegsproblemen wie Blasenentzündungen,
- inneren Blutungen,
- Entzündungen,
- unregelmäßigen Menstruationszyklen.

Außerdem besitzt die Schafgarbe wichtige Inhaltsstoffe wie Flavonoide, Alkaloide, Polyacetylene, Triterpene, Salicylsäure, Gerbstoffe und Cumarine. Diese tragen zu den medizinischen Eigenschaften der Heilpflanze bei, z. B. der Senkung des Blutdrucks, der Fiebersenkung, der Wirkung als bitteres Tonikum und der krampflösenden Wirkung.

Seetang

Seetang, auch bekannt als Meeresalgen, ist eine grüne Alge mit hohem Jodgehalt. Dieser Nährstoff ist für die ordnungsgemäße Funktion der Schilddrüse unerlässlich und wird zur Behandlung verschiedener Erkrankungen eingesetzt, wie:

- Hypothyreose (Schilddrüsenunterfunktion),
- Hyperthyreose (Schilddrüsenüberfunktion).

Seetang ist nicht nur für seinen Jodgehalt bekannt. Tatsächlich wird er auch zur Verbesserung der Sinnesrezeptoren und zur Förderung gesunder Nägel, Blutgefäße, für die Verdauung und sogar gegen Verstopfung eingesetzt. Außerdem wurde er bei der Heilung verschiedener Krankheiten eingesetzt, darunter:

- Haarausfall,
- Diabetes,
- Gewichtsschwankungen,
- gastrointestinale Geschwüre,
- Brustkrebs.

Beim Verzehr ist jedoch Vorsicht geboten, da zu viel Seetang auch Schilddrüsenprobleme auslösen kann.

Süßholz

Süßholz ist eine holzige Heilpflanze, die Glycyrrhizinsäure enthält und für ihre starken entzündungshemmenden Eigenschaften geschätzt wird. Süßholz kann zur Behandlung verwendet werden bei:

- Arthritis,
- Krebsgeschwüren,
- Verstopfung,
- Erkrankungen der Nebenniere,
- Asthma,
- Verdauungsproblemen,
- Gastritis,
- entzündeten Augen.

Zu den wichtigsten Bestandteilen von Süßholz gehören Flavonoide, Sterole, Asparagin, Cumarine und Polysaccharide.

Thymian

Thymian, der an seinem strauchartigen Aussehen, den holzigen Stängeln, den kleinen Blättern und den rosafarbenen Blüten zu erkennen ist, wird zur Behandlung eingesetzt bei:

- geschwächter Lunge,
- Husten und als Heilmittel für die Atemwege,
- Pilzinfektionen,
- Infektionen der Lunge und Bronchitis,
- Infektionen des Rachens,
- Asthma,
- Heuschnupfen,
- Würmer (bei Kindern),
- Bissen und Stichen (bei äußerlicher Anwendung),
- Ischiasproblemen,

- rheumatischen Beschwerden und Schmerzen,
- Ringelwürmern,
- Fußpilz,
- Soor,
- Pilzinfektionen,
- Krätze und Läusen.

Wichtige Inhaltsstoffe wie Thymol, Estragol, Cineol, Borneol, Flavonoide und Gerbstoffe wirken im Thymian zusammen, um sowohl die innere als auch die äußere Heilung zu fördern.

Tulsi

Tulsi, auch bekannt als heiliges Basilikum, wird in indischen Haushalten seit Langem zur Behandlung verschiedener Beschwerden verwendet. Dieses buschige Kraut ist typischerweise in halbtropischen Klimazonen zu finden und wird häufig in der ayurvedischen Medizin verwendet. Es kann helfen, Krankheiten wie Erkältungen, Herzkrankheiten, Kopfschmerzen, Magenbeschwerden und Nierensteine zu heilen. Außerdem vertreibt Tulsi Moskitos, Fliegen und andere Insekten. Sogar Malaria-Fieber kann damit behandelt werden. Andere damit verbundene Anwendungen sind:

- lindert Übelkeit,
- senkt den Cholesterinspiegel und den Blutdruck,
- lindert Schmerzen,
- schützt die Leber,
- reduziert Stress,
- verhindert Krebs,
- hilft beim Schleimauswurf.

Wegerich

Der Breitwegerich, den man an seinen breiten Blättern erkennen kann, ist in Europa und Asien heimisch und wird weltweit
medizinisch genutzt. Die Chemikalien in Wegerich wurden zur
Behandlung folgender Leiden verwendet:

- Schmerzen und Schwellungen,
- Verschleimung,
- blockierte Atemwege,
- zur Abtötung von Bakterien und Pilzen,
- Husten,
- wunde Stellen im Mund,
- Fettleibigkeit,
- unregelmäßige Menstruationsblutungen.

Weißdorn

Im Mittelalter wurde der Weißdorn häufig bei Herz- und Kreis-
laufstörungen wie Angina Pectoris eingesetzt. Seine heilenden
Eigenschaften wirken wie folgt:

- Erhöhung der Durchblutung von Herz und Muskeln,
- Regulierung des normalen Herzschlags,
- Erweiterung der Blutgefäße,
- als mildes Entspannungsmittel,
- antioxidativ,
- Linderung von Brustschmerzen,
- gegen Herzinsuffizienz.

Es sollte jedoch bei der Dosierung darauf geachtet werden, dass
die Tageshöchstmenge nicht überschritten wird.

Wohlriechende Weißwurz

Die Wohlriechende Weißwurz ist eine uralte Heilpflanze, die für ihre entzündungshemmende Wirkung, die Behandlung verschiedener Lungenkrankheiten und die Beschleunigung der Wundheilung bekannt ist. Äußerlich als Salbe angewendet, kann Weißwurz Rötungen und Schwellungen der Haut lindern und Erkrankungen wie Furunkel, Blutergüsse und Geschwüre behandeln. Studien zeigen auch, dass die Pflanze Eigenschaften besitzt, die den Blutzuckerspiegel senken können.

Zimt

Seit 500 v. Chr. wird Zimt in Indien, Europa und Ägypten wegen seiner heilenden Wirkung geschätzt. Er wird zur Behandlung von verschiedenen Krankheiten verwendet, wie:

- Erkältungen und Grippe,
- Verdauungsprobleme,
- Übelkeit,
- Diarrhöe,
- als antivirales Mittel,
- zur Förderung der Blutzirkulation,
- zur Regulierung des Menstruationszyklus.

Zu den verwendeten Teilen gehören die innere Rinde und die Zweige, die zur Herstellung von Aufgüssen, Tinkturen, ätherischem Öl und Pulvern verwendet werden.

Zitronenmelisse

Die Zitronenmelisse, die man an ihren weißen Blüten und geäderten Blättern erkennen kann, ist ein bekanntes Therapiemittel für die Gehirnleistung und das Gedächtnis. Sie kann als Tonikum bei Depressionen und zur Behandlung von Lippenherpes verwendet werden. Ihre wichtigsten Inhaltsstoffe – Flavonoide, Triterpene, Polyphenole und Gerbstoffe – wirken zusammen wie folgt:

- bei einem überaktiven Nervensystem,
- krampflösend,
- antiviral,
- gegen Wunden,
- bei Zahnschmerzen,
- Ängsten,
- Depression,
- Unruhe,
- Verdauungsproblemen, einschließlich Verdauungsstörungen, Übelkeit und Blähungen,
- Insektenstichen,
- Fieber.

Säule 4
Behandlung

In Kapitel 6 von Säule 4 werden wir viele Heilmittel erkunden, die vielseitig eingesetzt werden können – von der Behandlung von ADHS und Akne bis hin zur Behandlung von Wechseljahrsbeschwerden und Windpocken. Von natürlichen Kräutern und Pflanzen bis hin zu homöopathischen Behandlungen und ayurvedischen Medikamenten gibt es zahlreiche Möglichkeiten, um häufige Beschwerden bequem zu Hause zu behandeln. Diese Heilmittel sind eine praktische und wirtschaftliche Alternative oder Ergänzung zur modernen Medizin. Abschließend werden wir im Verlauf dieser Säule die Vor- und Nachteile der einzelnen Methoden erläutern, damit Sie entscheiden können, was für Sie am besten ist.

— 6 —

Verzeichnis der Heilmittel nach Symptomen

Die Kräuterkunde, eine jahrhundertealte Praxis, wird eingesetzt, um Menschen zu ganzheitlichem Wohlbefinden zu verhelfen. Von der Diagnose zur Behandlung gängiger Symptome und bis hin zu einer lohnenden Erfahrung – wer Heilung sucht, muss sich die Möglichkeiten dieser alten Kunst bewusst machen. Viele Menschen gehen durchs Leben, ohne zu wissen, was die Kräuterkunde für sie tun kann.

ADHS

Menschen mit ADHS neigen zu großer Unruhe und haben Schwierigkeiten, sich selbst zu beruhigen. Kräuter können ADHS zwar nicht vollständig heilen, aber sie können dabei helfen, einige Symptome zu lindern und den Stress, den die Störung verursachen kann, zu reduzieren. Dies sind die besten Kräuter, die man bei ADHS verwenden kann:

- **Hafer.** Da er als „nervenstärkende" Pflanze gilt, ist er hervorragend geeignet, um das Nervensystem zu beeinflussen, das bei ADHS überreizt sein kann. Grüner Hafertee ist daher ein hervorragendes Mittel zur Beruhigung bei ADHS-bedingtem Stress.

- **Löwenmähne.** Hilft, die Auswirkungen einiger hartnäckiger Stresshormone zu bekämpfen, die Ihnen das Leben mit ADHS schwer machen können.
- **Juckbohne.** Sie besitzt viele Eigenschaften, die Ihnen bei einigen Ihrer ADHS-Symptome helfen können.

Um diese natürlichen Mittel zur Behandlung von ADHS einzusetzen, kann die Aromatherapie ein nützlicher Ansatz sein. Die beruhigenden Eigenschaften von Aromen können mit Kräutern gepaart werden, um ihre entspannende Wirkung zu verstärken, sodass sie bei der Behandlung von ADHS-Symptomen effektiver sind.

Akne

Für Pickel finden Sie wahrscheinlich eine pflanzliche Lösung, z. B.:

- **Neemöl.** Der Neembaum hat antiseptische Eigenschaften, die helfen können, die Haut zu reinigen und einige Bakterien zu beseitigen, die zu Akne führen.
- **Teebaumöl.** Entzündungen sind ein weiteres Problem, das Ihre Akne verursachen kann. Die Anwendung von Teebaumöl ist ein guter Weg, um Entzündungen zu reduzieren, die zu Hautrötungen führen können.
- **Hamamelis.** Der andere große Verursacher von Akne ist überschüssiges Öl. Wenn dieses überschüssige Öl in den Poren eingeschlossen wird, führt es zu Pickeln. Hamamelis trocknet die Haut aus, sodass sie sich klären kann und die Entwicklung von zusätzlichem Öl verhindert wird.

Kochen Sie die Kräuter mit Wasser auf, lassen Sie sie abkühlen und verwenden Sie sie dann als Gesichtswasser. Dieses Verfahren ist der perfekte Weg, um die Eigenschaften der Kräuter zur Linderung von Akne zu nutzen. Außerdem ist es eine einfache Methode, um die heilende Wirkung auf Ihre Haut zu übertragen.

Allergien

Viele Menschen leiden unter saisonalen Allergien und Nahrungs-mittelallergien sowie vielen weiteren allergischen Reaktionen. Die Symptome können sehr vielfältig sein und sind oft sehr kräftezeh-rend. Einige beliebte pflanzliche Heilmittel gegen Allergien sind:

- **Pestwurz.** Ein Antihistaminikum zur Behandlung von Allergien.
- **Brennnessel.** Dieses Kraut ist zwar schmerzhaft bei Berührung, enthält aber organische Verbindungen, die als Antihistaminikum wirken.
- **Curcumin.** Ein in Kurkuma enthaltener Stoff, der als Nahrungsergänzungsmittel zur Linderung von Schnupfen eingenommen werden kann.
- **Knoblauch.** Ein klassisches Grundnahrungsmittel in der Küche, das Quercetin enthält, ein Antioxidans, das bei Allergien hilft.
- **Honig.** Für Menschen mit Pollenallergien kann Honig ein Geschenk des Himmels sein. Er enthält Pollen, die, wenn sie verzehrt werden, wie ein natürlicher Impfstoff gegen die allergische Wirkung der Pollen immunisie-ren können. Je regionaler Sie Ihren Honig kaufen, desto besser, denn desto mehr lokale Pollen enthält er.

Verschiedene Kräuter können gegessen, als Tee getrunken oder Gerichten wie Smoothies zugesetzt werden. Die Aufnahme dieser Kräuter in die Ernährung kann bei der Behandlung von Allergien sehr wirksam sein.

Amöbiasis

Amöbiasis ist eine Infektion des Darms, die durch einen Parasiten verursacht wird. Zu den Symptomen eines Darmparasitenbefalls gehören Müdigkeit und Schwäche, Blähungen, Durchfall, Übelkeit oder Erbrechen, Gewichtsverlust und Druckempfindlichkeit des Magens. Für eine Reinigung von Parasiten werden häufig Kräuterheilmittel verwendet. Zu diesen Mitteln gehören meist:

- Papaya-Samen,
- Kürbiskerne,
- Berberin-Extrakte,
- Wermut-Extrakte,
- Knoblauch,
- Joghurt mit Probiotika,
- Karotten oder Süßkartoffeln wegen ihrer Beta-Carotine.

Diese Lebensmittel sind oft reich an Vitamin A, Selen und Zink, die wie eine natürliche Abwehr gegen Parasitenbefall wirken. Kürbiskerne sind auch reich an Aminofettsäuren, die gegen Parasitenbefall wirken.

Ängste

Es gibt verschiedene pflanzliche Heilmittel gegen Angstzustände:

- **Kava.** Vorsicht ist geboten bei übermäßiger Einnahme von Kava, die zu Leberschäden führen kann.
- **Passionsblume.** Vorsicht ist geboten, da sie zu Schläfrigkeit, Schwindel und Verwirrung führen kann.
- **Baldrian.** Die Dosierung sollte nicht überschritten werden, da dies zu Kopfschmerzen, Schwindel und Schläfrigkeit führen kann.
- **Kamille.** Kann das Risiko von Blutungen erhöhen, da ihre Einnahme zu Blutverdünnung führt.
- **Lavendel.** Bei oraler Einnahme oder als ätherisches Öl zur Linderung von Angstzuständen, Verstopfung und Kopfschmerzen. Er kann auch den Appetit steigern, als Beruhigungsmittel wirken und den Blutdruck senken.

- **Zitronenmelisse.** Reduziert Nervosität und Erregbarkeit. Eine langfristige Anwendung wird jedoch nicht empfohlen, da sie zu Übelkeit und Bauchschmerzen führen kann.

Da die Aromatherapie bei Angstzuständen sehr hilfreich sein kann, sollten Sie die Herstellung von Seifen, Potpourris oder Kerzen in Betracht ziehen. Die Pflanzen können auch als Tee getrunken werden, um die aromatherapeutischen Eigenschaften mit dem Genuss zu verbinden.

Arthritis

Zur Behandlung von Arthritis können verschiedene pflanzliche Heilmittel eingesetzt werden. Dazu gehören häufig:

- **Ingwer.** Eine entzündungshemmende Wurzel mit einer Komponente namens Leukotriene, die gegen Arthritis hilft.
- **Thymian.** Ein weiteres entzündungshemmendes und antimikrobielles Kraut mit Eigenschaften zur Behandlung von Arthritis.
- **Kurkuma.** Hat entzündungshemmende Eigenschaften zur Behandlung von Arthritis und Erkrankungen des Bewegungsapparats.
- **Grüner Tee.** Enthält Polyphenole, die reich an Antioxidantien sind, welche Entzündungen reduzieren, die Gelenke schützen und die Immunreaktion stimulieren, um Arthritis zu bekämpfen.
- **Zimt.** Eines der besten entzündungshemmenden Gewürze, die es gibt. Zimt ist eine große Hilfe für Ihre Gelenke.

Viele dieser Kräuter sind bestens dafür geeignet, Teil Ihrer Ernährung zu sein. Wenn Sie Gewürze wie Kurkuma und Zimt in Ihr Essen geben, können Sie auf einfache Weise von ihrem Nutzen profitieren. Für eine gesündere Morgenroutine könnten Sie grünen Tee anstelle von Kaffee trinken, um Ihre Arthritis zu lindern.

Asthma

Asthma ist eine häufige Atemwegserkrankung, von der weltweit viele Menschen betroffen sind. Aber wussten Sie, dass es auch einige gute pflanzliche Behandlungsmöglichkeiten gibt? Hier sind einige der besten Möglichkeiten, organische Stoffe gegen Asthma einzusetzen:

- **Kurkuma.** Als wirksamer Entzündungshemmer hilft Kurkuma bei der Bekämpfung von Asthma, indem es die entzündeten Lungen beruhigt.
- **Ginseng.** Studien an Ratten haben gezeigt, dass Ginseng Lungenentzündungen reduziert, und Studien am Menschen sind im Gange.
- **Honig.** Honig ist ein Mittel gegen Halsschmerzen und ein Antihistaminikum. Außerdem kann er die Atemwege befreien und den Hustenreiz anregen, um den Hals zu entlasten.

Diese Heilmittel werden am besten oral eingenommen. Die gute Nachricht ist, dass sich Honig und Kurkuma leicht in Ihre Routine einbauen lassen. Trinken Sie jeden Abend vor dem Schlafengehen einen Honig-Kurkuma-Tee, um Ihre Asthmasymptome zu lindern.

Augenprobleme

Viele Menschen haben Probleme mit ihren Augen. Das Auge kann empfindlich sein, von Sehproblemen über Allergien bis hin zu Infektionen gibt es viele Schwierigkeiten. Es existieren jedoch eine ganze Reihe von Kräuterheilmitteln, die Sie für Ihre Augen verwenden können, um diese Leiden zu lindern. Hier sind einige der besten davon:

- **Fenchel.** Bei grauem Star oder ständigen Augeninfektionen ist Fenchel ein hervorragendes Kraut. Außerdem beugt er nachweislich der Makuladegeneration vor, die zum Verlust der Sehkraft führen kann. Bei all diesen heilenden Eigenschaften sollten Sie erwägen, Fenchel in Ihr Leben zu integrieren.
- **Passionsblume.** Ein weiteres hervorragendes Heilkraut für die Augen, das am besten zur Linderung von Augenschmerzen eingesetzt wird. Mit unserer übermäßigen Abhängigkeit von Bildschirmen heutzutage ist die Überanstrengung der Augen mehr denn je ein Problem. Die Einnahme von Passionsblume kann helfen, einige dieser belastenden Symptome zu lindern.
- **Bilwa.** Wenn Sie anfällig für Augeninfektionen sind, ist es eines der besten Mittel. Es hilft bei Krankheiten wie Gerstenkorn und Bindehautentzündung. Der reiche Nährstoffgehalt von Bilwa, einschließlich Eisen, Kalzium und Proteinen, kann besonders bei der Linderung von Infektionen helfen.

Infektionen können sehr lästig sein, aber die Anwendung einiger dieser Methoden kann die schlimmsten Symptome schnell lindern. Tragen Sie die Mittel entweder mit äußerster Vorsicht auf das Auge auf oder nehmen Sie sie oral zu sich, um die Substanzen in Ihren Körper zu leiten.

Ausschlag/Hautallergien

Juckende oder gereizte Haut ist sehr unangenehm, vor allem wenn die Symptome von einer Allergie herrühren. Viele Menschen haben große Probleme mit Hautausschlägen und finden es schwierig, sie zu beseitigen. Natürlich gibt es auch viele topische

Cremes, die Sie verwenden können, und sogar Antihistaminika, die Sie einnehmen können, um sich von diesen Problemen zu befreien. Es gibt jedoch auch viele rein pflanzliche Heilmittel, die Sie verwenden können, um einige Ihrer Hautprobleme zu verbessern. Hier stellen wir Ihnen einige großartige Kräuterheilmittel gegen Hautreizungen vor.

- Koriander,
- Basilikum,
- Kamille,
- Ringelblume.

Blähungen

Eine schwere Mahlzeit mit viel Fett kann manchmal zu Blähungen führen. Glücklicherweise können bestimmte Kräuter helfen, chronische Blähungen zu lindern. Hier sind einige der am besten geeigneten Heilmittel, die Sie verwenden können:

- **Pfefferminz- oder Kamillentee.** Im Allgemeinen sind Tees das beste Mittel gegen Blähungen. Die besten dafür zu verwendenden Kräuter sind Pfefferminze und Kamille. Daraus zubereitete Tees sind magenschonend und fördern eine gute Verdauung.
- **Fenchel.** Fenchel, auch als Tee zuzubereiten, ist ein hervorragendes entzündungshemmendes Kraut, das Blähungen und Schmerzen durch eingeschlossene Luft deutlich reduzieren kann.
- **Kurkuma.** Wie wir in diesem Kapitel gesehen haben, ist Kurkuma eines der besten Kräuter für alle entzündlichen Zustände. Es eignet sich daher auch hervorragend zur Linderung von Magenentzündungen.

Die Verringerung von Entzündungen im Magen ist entscheidend für die Linderung von Blähungen. Und der beste Weg, um die

Kräuter zu konsumieren, ist mit dem Essen oder Trinken, für eine schnellere Entlastung.

Bluthochdruck/Hypertonie

Hoher Blutdruck kann gefährlich sein, hat aber oft einfache Ursachen. Ängste oder anhaltende Stresssituationen können zu hohem Blutdruck beitragen. Daher können Kräutermittel, die zur Beruhigung und zum Stressabbau beitragen, Wunder für Ihren Blutdruck und die folgenden Symptome bewirken. Zu den am häufigsten verwendeten Kräutern, die helfen, den blutdrucksteigernden Stress abzubauen, gehören:

- Petersilie,
- Basilikum,
- Zimt,
- Ingwer.

Bronchitis/Erkältung/Lungenentzündung

Niemand hat gern eine Erkältung. Und durch die jüngste Pandemie hat sie heutzutage jeder. Es gibt Antibiotika, die man gegen Bakterien einnehmen kann, aber es gibt auch viele Kräuterheilmittel, die man zusätzlich einnehmen kann, um einige der extremen Symptome zu lindern. Im Folgenden finden Sie einige Möglichkeiten, wie Sie Ihre Bronchialbeschwerden erheblich reduzieren können:

- **Ingwer.** Der nährstoffreiche Ingwer ist ein hervorragendes Mittel, um das Immunsystem zu stärken und Symptome einer Bronchitis zu lindern. Versuchen Sie, Ingwertee zuzubereiten oder Ingwer, den Sie kauen können, einzunehmen.

- **Honig und Zitrone.** Diese beiden Zutaten können bei Bronchialinfektionen lindernd wirken. Fügen Sie sie Ihrem Ingwertee hinzu oder trinken Sie sie separat.
- **Ananas.** Ananas enthält den Nährstoff Bromelain, der das Immunsystem stärken und den Schleim aus der Lunge lösen kann.

Die Einnahme dieser Nahrungsmittel ist eine gute Möglichkeit, Ihr Lungenproblem zu bekämpfen. Auch die Aromatherapie kann sehr hilfreich sein. Das Einatmen der Dämpfe von aufgebrühter Zitrone oder Ingwer kann dazu beitragen, dass diese Stoffe in die Lunge gelangen und so das Problem direkter angehen.

Depression

Angesichts der zunehmenden psychischen Probleme und des wachsenden Bewusstseins dafür suchen viele Menschen nach ganzheitlicheren und vielfältigeren Methoden zur Heilung ihrer Depression. Die gute Nachricht ist, dass es viele pflanzliche Behandlungsmöglichkeiten gibt, mit denen Sie Ihre Depression lindern können. Hier sind einige der wichtigsten, die Sie ausprobieren können:

- **Johanniskraut.** Auch wenn der Name nicht sehr ansprechend ist, handelt es sich bei dieser Pflanze um eine der am längsten verwendeten Methoden zur Behandlung von Depressionen. Sie kann helfen, den Stress zu lindern und die Stimmung langfristig zu verbessern.
- **Ginseng.** Eines der schlimmsten Symptome einer Depression ist der Eindruck, dass man alles durch eine getrübte Linse wahrnimmt. Ginseng bietet eine hochwirksame Behandlung gegen dieses Gefühl, weil er die Energie und die geistige Klarheit steigert.
- **Lavendel.** Hierbei handelt es sich um ein weiteres wichtiges stimmungsaufhellendes Kraut. Lavendel riecht nicht

nur angenehm, sondern kann auch positive neurologische Wirkungen haben. Er kann zudem den Schlaf verbessern, was für Menschen mit Depressionen besonders wichtig ist, da Schlaflosigkeit ein Hauptsymptom der Depression sein kann.

Diese drei Kräuter sind hervorragend geeignet, um einige oberflächliche Symptome der Depression zu lindern. Sie werden am besten mit Aromatherapie in Form von Kerzen, ätherischen Ölen oder sogar Seifen kombiniert.

Diarrhö

Wie mit Verstopfung haben viele Menschen auch mit Durchfall zu kämpfen. Dieser kann durch viele Faktoren verursacht werden, einschließlich Nahrungsmittelempfindlichkeiten und dem generellen Zustand der Darmflora, sodass Sie diese Dinge zuerst überprüfen lassen sollten. Es gibt jedoch auch einige wichtige pflanzliche Methoden, mit denen Sie versuchen können, die Genesung von Durchfall zu unterstützen. Hier sind einige gute Methoden, die Sie ausprobieren können.

- **Brombeerblätter.** Ein etwas ungewöhnlicheres Kraut, aber Brombeerblätter können bei Durchfall sehr wirksam sein.
- **Pfefferminze.** Um Ihr Verdauungssystem zu unterstützen, sollten Sie etwas Pfefferminze zu sich nehmen. Entweder in Form von Tee oder ätherischem Öl. Beides ist hochwirksam bei der Linderung von Durchfallsymptomen.
- **Ingwer.** Wie bei vielen Beschwerden ist Ingwer auch hier ein hochwirksames Mittel. Ingwertee oder die Verwendung von Ingwer in der Küche kann eine gute Möglichkeit sein, Durchfall zu bekämpfen.

Die Einnahme dieser Mittel und damit die direkte Aufnahme der Wirkstoffe im Verdauungstrakt ist bei Durchfallproblemen wahrscheinlich der beste Weg, da es der Verdauungstrakt ist, der die Probleme hat. Wenn Sie die aufgeführten Pflanzen in Ihre Ernährung einbeziehen, kann Ihnen das sehr helfen.

Durchlässiger Darm

In letzter Zeit haben sich Gesundheitswissenschaftler mit der Bedeutung der Darmgesundheit befasst. Die Darmmikroben sind für die allgemeine Gesundheit von entscheidender Bedeutung und können über den Erfolg oder Misserfolg eines Ernährungsplans entscheiden. Ein bestimmter Zustand des Darms wird als „durchlässiger Darm" bezeichnet. Dieser Zustand bedeutet, dass die Barriere zwischen Ihrem Darm und Ihrem Blutkreislauf geschwächt ist, sodass alles, was aus Ihrem Darm kommt, in Ihren Blutkreislauf gelangen kann. Da viele Giftstoffe den Darm passieren – ein Teil seiner Aufgabe ist es, Abfall und Giftstoffe von nützlichen Nährstoffen zu trennen –, kann dies besonders gefährlich für die Gesundheit sein. Die dauerhaften Folgen eines durchlässigen Darms und seine Auswirkungen auf die Gesundheit müssen noch erforscht werden, aber es genügt, zu sagen, dass sie signifikant sind. Da die Forschung im Bereich des durchlässigen Darms noch neu ist, gibt es nicht viele etablierte medizinische Behandlungsmethoden. Sie können jedoch verschiedene pflanzliche Therapien anwenden, um Ihre Darmwand zu unterstützen und vielleicht zu verhindern, dass Ihr Körper einige dieser Giftstoffe aufnimmt.

Hier sind einige ausgezeichnete Arten von Heilmitteln, die Sie verwenden können, um Ihren durchlässigen Darm zu behandeln:

- Rot-Ulme,
- Aloe vera,
- Glutamin.

Ekzeme/Dermatitis/Hautentzündungen

Wie im Abschnitt zu Akne bereits angesprochen, können viele Arten von Hautreizungen Probleme verursachen. Wenn Sie unter trockener Haut oder allgemeinen Hautreizungen leiden, haben Sie wahrscheinlich schon alles versucht, um sich selbst zu heilen. Heilmittel zu finden ist schwierig, weil die Haut empfindlich reagieren kann, selbst auf Cremes, die für sie bestimmt sind. Es gibt viele Kräuterheilmittel, über die wir sprechen werden, aber Sie sollten auch wissen, dass Ihre Haut selbst bei diesen unerwünschte Reaktionen zeigen kann. Nur weil sie natürlich sind, heißt das nicht, dass sie auch für Ihren Hauttyp geeignet sind. Machen Sie also immer vorher einen Patch-Test, vor allem, wenn Sie eine dieser Behandlungen auf Ihrem Gesicht anwenden, um sicherzustellen, dass Sie keine allergische Reaktion bekommen.

Dennoch gibt es einige ausgezeichnete Kräuterheilmittel für Ihre Hautallergie.

- **Hafer.** Haferseifen, -cremes oder -bäder sind äußerst nährend und feuchtigkeitsspendend und bieten eine gute Möglichkeit, von den Eigenschaften dieser Pflanze zu profitieren.
- **Hamamelis.** Gut bei allgemeinem Juckreiz und Entzündungen, jedoch nicht für Ekzeme speziell empfohlen.
- **Honig.** Er ist als wirksames Mittel gegen Ekzeme bekannt. Sie können versuchen, ihn direkt in die Haut einzureiben, wenn nötig verdünnt, um den Ausschlag zu lindern.
- **Kokosnussöl.** Es ist ein hervorragender Feuchtigkeitsspender und Heiler. Wenn Sie Ihre Haut mit diesem Öl einreiben, wird sie sich beruhigen. Sie können auch ätherische Öle hinzufügen, um eine tolle Feuchtigkeitscreme zu kreieren.

Das Auftragen auf die Haut kann ein hervorragendes Mittel sein. Es gibt aber auch andere Möglichkeiten der Einnahme. Honig kann den gesamten Körper mit Feuchtigkeit versorgen, sodass die Haut davon profitiert, ihn in die Ernährung einzubeziehen.

Erkältung und Grippe

Gegen eine Erkältung gibt es nur wenige medizinische Behandlungen, aber es gibt viele Möglichkeiten, die Symptome zu lindern und zu kontrollieren. Hier sehen wir uns einige der erfolgreichsten Möglichkeiten zur Behandlung von Erkältungs- und Grippesymptomen an.

- **Zitronenmelisse.** Ein Kraut, das in vielen Formen verwendet werden kann, z. B. aufgebrüht und als Tee, und das leicht anzubauen ist.
- **Echinacea.** Ideal zur Linderung von Erkältungs- und Grippesymptomen als Tee oder Hustentropfen.
- **Rosmarin.** Die Anwendung von Rosmarinöl im Nacken, das Trinken von Rosmarintee oder ein Bad mit Rosmarinöl sind wirksame Mittel zur Linderung von Erkältungs- und Grippesymptomen.

Sich Produkte zu besorgen oder herzustellen, die Sie trinken oder einatmen können und die diese Kräuter enthalten, ist eine der besten Möglichkeiten, die Erkältungssymptome zu kontrollieren und sicherzustellen, dass Sie sich schnell von Ihrer Krankheit erholen.

Endometriose

Endometriose ist eine schmerzhafte Funktionsstörung der Gebärmutter, von der viele Menschen auf der ganzen Welt betroffen sind. Obwohl eine Operation die häufigste Behandlungsmethode ist, gibt es auch viele schmerzhafte Symptome wie Unterleibs- und Rückenschmerzen, Übelkeit und Menstruationsprobleme, die mit Kräuterheilmitteln behandelt werden können. Hier sind einige der besten pflanzlichen Heilmittel zur Behandlung Ihrer Endometriose:

- **Curcumin.** Diese erstaunliche Chemikalie ist in Kurkuma enthalten und hat ausgezeichnete entzündungshemmende Eigenschaften. Es ist ein hervorragendes Mittel zur Linderung von Endometriose-Symptomen und eine der besten Zutaten, die Sie in Ihre Ernährung einbauen können, wenn Sie mit Endometriose zu kämpfen haben.
- **Kiefernrinde.** Entdeckungen deuten darauf hin, dass dieses Mittel schmerzlindernde Eigenschaften haben könnte, was bei den chronischen Schmerzen, unter denen Menschen mit Endometriose häufig leiden, eine große Hilfe sein kann. Das Einbinden von Kiefernrinde-Extrakt in Ihre Ernährung kann dazu beitragen, einen Teil der chronischen Schmerzen zu lindern, unter denen Sie bei Endometriose leiden.
- **Pfefferminze.** Antioxidantien zu sich zu nehmen, ist immer eine gute Sache, wenn Sie unter einer chronischen Schmerzkrankheit wie Endometriose leiden. Die Aufnahme von Antioxidantien in Ihre Ernährung wird in Bezug auf Ihre Schmerzen Wunder bewirken.

Damit diese Stoffe so schnell wie möglich in den Blutkreislauf gelangen, werden sie am besten in Ihre Ernährung eingebaut. Manchmal können aber auch Räucherstäbchen oder andere duftende Heilmittel helfen.

Fieber

Fieber kann mit vielen Arten von Krankheiten einhergehen. Theoretisch ist Fieber ein Teil der natürlichen Immunreaktion des Körpers, der versucht, die Keime durch Hitze abzutöten und sie an der Ausbreitung zu hindern. Es kann aber auch gefährlich und unangenehm sein. Um die Gefahren und Unannehmlichkeiten eines Fiebers zu lindern, können Sie einige ausgezeichnete Kräuterheilmittel ausprobieren:

- **Koriandersamen.** Diese sind einige der besten immunstärkenden Samen, die es gibt. Sie sind hervorragend geeignet, um Viren zu bekämpfen, ohne den Körper zu überhitzen. Wenn Sie einige dieser Samen bei Fieber einnehmen, wird das Fieber durch die Umleitung der Immunreaktion gesenkt.
- **Knoblauch.** Knoblauch ist als antibakterielle Substanz bekannt und eignet sich hervorragend, um das Immunsystem zu stärken und Fieber zu bekämpfen. Die Einnahme als Tee oder Suppe ist eine gute Möglichkeit, das Fieber zu senken und gleichzeitig eine köstliche Leckerei zu genießen.
- **Moringa.** Diese exzellente Pflanze ist vollgepackt mit vielen Nährstoffen und antibakteriellen Eigenschaften. Wenn Sie sie in Ihre Ernährung integrieren, können Sie viel gegen Ihr Fieber tun. Versuchen Sie es mit Tee, um die Entzündung zu lindern, die Ihr Körper durchlebt.

Dies sind alles großartige Kräuter, die Sie gegen entkräftendes Fieber einsetzen können. Wenn Sie sie oral einnehmen, bilden sie ein ausgezeichnetes Mittel. Sie können sie aber auch auf verschiedene andere Arten einnehmen.

Gelenkschmerzen

Gelenkschmerzen aufgrund einer schweren Erkrankung, einer früheren Verletzung oder knirschender Gelenke am Morgen können lästig sein. Sie können Ihre Fähigkeit beeinträchtigen, Sport zu treiben, schwere Dinge zu heben und sogar einfache Dinge wie zu gehen. Wenn Sie damit zu kämpfen haben, sind Sie wahrscheinlich stark eingeschränkt. Möglicherweise nehmen Sie sogar dauerhaft Schmerzmittel ein, was mit der Zeit für Ihr System gefährlich werden kann. Wenn Sie also ein chronisches Problem haben, könnte es hilfreich sein, Kräuterheilmittel auszuprobieren und einige der Gefahren zu vermeiden, die mit der Einnahme von Schmerzmitteln über einen längeren Zeitraum verbunden sind.

Solche pflanzlichen Mittel zur Linderung von Gelenkschmerzen sind:

- Aloe vera,
- Katzenkralle,
- Ingwer,
- grüner Tee.

Gingivitis

Mundkrankheiten sind gefährlicher, als man denkt. Wenn man sich nicht um seine Mundgesundheit kümmert, kann das auf lange Sicht zu vielen schwerwiegenden Gesundheitsproblemen führen. Ein gesunder Körper beginnt also mit einem gesunden Mund. Deshalb sind Kräuterheilmittel eine gute Möglichkeit, die Mundgesundheit zu verbessern.

Einige wichtige pflanzliche Nahrungsergänzungsmittel, die Sie in Ihr Leben integrieren sollten, um Krankheiten wie Zahnfleischentzündungen vorzubeugen und sogar zu heilen, sind:

- **Zitronengras.** Zitronengras ist ein hervorragender Plaque-Reduzierer und lindert nachweislich auch Zahnfleischentzündungen, manchmal sogar besser als herkömmliche kommerzielle Mundspülungen. Stellen Sie Ihre Mundspülung mit ätherischem Zitronengrasöl her oder integrieren Sie Zitronengras in Ihre Ernährung.
- **Aloe vera.** Eine weitere hervorragende natürliche Methode zur Reduzierung von Zahnfleischentzündungen ist Aloe vera. Verwenden Sie z. B. jeden Morgen reinen Aloe-vera-Saft als wirksame Mundspülung, um einige

der schlimmsten Symptome von Zahnfleischentzünd-
ung zu heilen.

- **Guavenblätter.** Auch Guavenblätter können als Mundspülung bei Zahnfleischentzündungen verwendet werden.
  Sie können hervorragend zur Bekämpfung von Plaque
  eingesetzt werden und sind auch als entzündungshemmende Substanz gut geeignet.

Die Mundspülung ist eine der besten Methoden zur Behandlung
von Zahnfleischentzündungen, da sie dazu beiträgt, den infizier-
ten Bereich gezielt zu behandeln und die heilenden Eigenschaften
der pflanzlichen Mittel vollständig wirken zu lassen. Es kann aber
auch von Vorteil sein, diese Pflanzen generell in die Ernährung
einzubauen.

Halsentzündung

Es gibt mehrere frei verkäufliche Mittel gegen Halsschmerzen.
Viele davon enthalten Kräuterheilmittel. Einige dieser Heilmittel
sind:

- **Eukalyptusöl.** Bis zu zwölf Tropfen Eukalyptusöl werden
  in 150 ml kochendes Wasser gegeben und der Dampf
  wird inhaliert, um Husten zu lindern.
- **Salbei.** Salbei in flüssiger Zubereitung wird zur Linderung
  von Husten und Asthma eingenommen.
- **Süßholzwurzel.** Diese kann zu Gurgelwasser oder
  Lutschtabletten verarbeitet werden, um Halsschmerzen
  zu lindern. Sie kann auch verwendet werden, um Halss-
  schmerzen nach Verletzungen zu lindern.

Herzklopfen

Herzklopfen kann beängstigend sein, wenn Sie unter generalisierten Ängsten oder einem Hitzeproblem leiden. Es gibt einige Medikamente, die Sie bei schwereren Herzerkrankungen einnehmen können. Aber wenn Sie nach etwas suchen, das die Symptome lindert, gibt es auch viele Kräuterheilmittel für Ihre Herzprobleme, wie:

- Passionsblume,
- Reishi,
- Zitronenmelisse,
- Herzgespann.

Husten

Husten ist ein häufiges Symptom der meisten Erkältungen, kann aber unangenehm sein. Aber es gibt viele Kräuterheilmittel, die Sie gegen Husten einsetzen können. Hier sind einige der besten:

- **Honig.** Neben seinen antihistaminischen Eigenschaften kann Honig dazu beitragen, Ihren Hals zu beruhigen. Außerdem wirkt er antibakteriell, was bedeutet, dass Sie eine drohende Erkältung mit hochwertigem Honig im Keim ersticken können.
- **Ingwer.** Eine weitere häufig in diesem Kapitel vorkommende Pflanze, der Ingwer, hat für die Kräuterkunde viel zu bieten. Er kann bei Erkältungen hervorragende Wirkungen haben, unter anderem entspannt er die Muskeln der Atemwege und hilft, freier zu atmen.
- **Holunder.** Wenn Sie etwas Beruhigendes und gleichzeitig Immunitätsförderndes suchen, dann ist Holunder genau das Richtige für Sie. Sie können ihn als Tee oder sogar in Kapseln zu sich nehmen.

Um Husten zu lindern, brauchen Sie etwas, das sowohl beruhigend wirkt als auch dabei hilft, die Krankheit zu überwinden, die den Husten überhaupt erst verursacht. Alle drei dieser Mittel werden Ihnen dabei helfen.

Hypoglykämie

Leiden Sie auch nach dem Essen unter extremem Hunger und Reizbarkeit? Möglicherweise leiden Sie an einer Hypoglykämie. Es gibt zwar Medikamente, die Sie einnehmen können, aber auch viele Kräuterheilmittel, die Ihnen helfen, Ihre Symptome in den Griff zu bekommen, z. B.:

- Aloe vera,
- Ginseng,
- Bittermelone,
- Zimt.

Hypothyreose

Bei Menschen mit einem Hormonungleichgewicht lässt sich dieses in der Regel auf die Schilddrüse zurückführen. Die Schilddrüse ist ein wesentlicher Bestandteil des endokrinen Systems, das den gesamten Körper durchzieht. Daher kann eine gestörte Schilddrüse verheerende Auswirkungen auf viele Aspekte Ihrer Gesundheit haben. Sie können dagegen Schilddrüsenmedikamente einnehmen, aber viele pflanzliche Präparate können Ihrer Schilddrüse zusätzlich helfen. Hier sind einige wichtige Kräuter, die die Regulierung der Schilddrüse stark beeinflussen können:

- Schwarzer Kreuzkümmel,
- Süßholzwurzel,
- Indischer Wassernabel.

IBS/IBD/Colitis ulcerosa

Probleme mit dem Stuhlgang, vor allem wenn dieser unregelmä-ßig ist (d. h. zwischen Verstopfung und Durchfall schwankt), sind kräftezehrend. Sie können die Arbeitssituation, die Ernährung und das soziale Leben beeinträchtigen. Menschen mit extremem Reizdarmsyndrom können aufgrund der übermäßigen Beanspruchung durch ihren Körper manchmal nicht einmal für längere Zeit ausgehen. Wenn Sie unter diesen Beschwerden leiden, wünschen Sie sich wahrscheinlich eine Linderung.

Glücklicherweise helfen viele Kräuterheilmittel bei IBS oder Colitis ulcerosa, wie:

- Ingwer,
- Pfefferminz,
- Aloe vera.

Insektenstiche

Ein Insektenstich kann ein ansonsten lustiges Erlebnis, z. B. einen Campingausflug oder eine Wanderung mit Freunden, zunichtemachen. Zum Glück gibt es verschiedene Kräuterheilmittel, die das Unbehagen und den Juckreiz durch diese Stiche lindern können. Hier sind einige der besten:

- **Grüner Tee.** Er wirkt juckreizstillend und entzündungshemmend, was ihn zu einem idealen Mittel gegen Insektenstiche macht.
- **Basilikum.** Ein weiteres juckreizstillendes Kraut, Basilikum, eignet sich hervorragend bei Insektenbissen. Stellen Sie einfach eine Paste aus zerkleinerten Blättern her.
- **Aloe vera.** Aloe vera ist eine der besten Pflanzen gegen Hautreizungen und eignet sich hervorragend für Insek-

tenstiche. Reiben Sie die Paste auf die infizierte Stelle, um sofortige Linderung zu erzielen.

Kräuterheilmittel sind hervorragend für die Heilung von Insektenstichen geeignet, weil sie sofortige Linderung verschaffen. Wenn Sie sich für diese Lösung entscheiden, werden Sie sich innerhalb weniger Minuten viel besser fühlen.

Jetlag

Reisen ist schon anstrengend genug, aber wenn dann noch Zeitverschiebungen hinzukommen, ist die Erschöpfung vorprogrammiert. Wenn Sie in eine andere Zeitzone kommen, wird Ihr sogenannter zirkadianer Rhythmus gestört; eine innere Uhr, mit deren Hilfe Sie die Zeit bestimmen können, ohne auf die Uhr zu schauen. Die Unterbrechung dieses Rhythmus kann sich negativ auf Ihre Schlaf- und Essenszeiten und Ihr Energieniveau auswirken. Daher empfinden viele Menschen Reisen und Jetlag als unerträglich.

Und wie wir bereits erwähnt haben, können Schlaftabletten gefährlich sein, vor allem in Verbindung mit Stimulanzien wie Koffein. Zum Glück gibt es viele bewährte pflanzliche Mittel, die Ihnen helfen können, Ihren zirkadianen Rhythmus wieder zu regulieren und die Kontrolle über Ihren Schlafrhythmus zurückzugewinnen:

- ätherisches Lavendelöl,
- Hopfen,
- Rotklee.

Kater

Wahrscheinlich hatte jeder schon einmal eine dieser Nächte, in der er zu viel Alkohol und zu wenig Wasser getrunken oder zu wenig geschlafen hat und am nächsten Tag unter den Folgen litt. Aber wussten Sie, dass es pflanzliche Heilmittel gibt, die den Kater lindern können? Diese bewährten Lösungen gibt es schon lange, und sie könnten etwas bewirken, wenn Sie sich in einer ähnlichen Situation befinden.

Im Folgenden finden Sie einige der besten Kräuterheilmittel für den Morgen nach der Party:

- **Mariendistel.** Wenn es um Kater geht, ist die Leber das Wichtigste. Sie ist Ihr Entgiftungsorgan, das Sie so gut wie möglich behandeln müssen. Die Mariendistel ist eines der besten Heilmittel für die Leber, denn sie hilft, sie zu reinigen und ihre entgiftende Funktion zu verstärken.
- **Ginseng.** Wie bei vielen anderen in diesem Kapitel behandelten Erkrankungen ist Ginseng auch hier ein grundlegendes Kräuterheilmittel. Bei einem Kater hat er den Vorteil, dass er beim Verstoffwechseln hilft. Er kann Ihnen helfen, einen Teil des Alkohols in Ihrem Körper zu verarbeiten, was Ihre Erholung beschleunigen kann.
- **Löwenzahnwurzel.** Eines der bestgehüteten Geheimnisse der Kräuterkunde ist, dass dieses „Unkraut" eine wohltuende Pflanze mit vielen hilfreichen Eigenschaften ist. Aus den Wurzeln lässt sich eine bestimmte Art von kaffeeähnlichem Getränk herstellen, das besonders bei einem Kater hilfreich sein kann. Es wirkt harntreibend, beschleunigt den Stoffwechselprozess und hilft, den überschüssigen Alkohol aus dem Körper zu entfernen.

Viele dieser Substanzen sind ideal, um den natürlichen Entgiftungsprozess des Körpers zu unterstützen und ihm dabei zu helfen, den Alkohol auszuscheiden. Daher ist es am besten, sie oral einzunehmen, um sie in Ihr Verdauungssystem zu überführen.

Kopfschmerzen und Migräne

Fast jeder hat schon einmal unter Kopfschmerzen oder Migräne gelitten. Sie kann belastend sein und sogar dazu führen, dass man der Schule oder der Arbeit fernbleibt. Schmerztabletten können zwar helfen, aber oft wirken sie nicht gegen die anderen Begleiterscheinungen der Migräne, wie Lichtempfindlichkeit und Übelkeit. Die folgenden Kräuterheilmittel können helfen, Ihre Kopfschmerzen oder Migräne ganzheitlich zu behandeln:

- Pfefferminze,
- Ingwer,
- Baldrian,
- Koriander.

Menopause/Andropause

Wenn Menschen aller Geschlechter das mittlere Alter erreichen, durchläuft ihr Körper eine starke hormonelle Umstellung. Diese Umstellung ist mit der Pubertät vergleichbar und besteht im Wesentlichen darin, dass die Fortpflanzungsorgane des Körpers damit beginnen, ihre Funktion einzustellen. Bei Frauen spricht man von der Menopause, bei Männern von der Andropause. Die Art und Weise, wie der Körper diese Veränderungen verarbeitet, ist bei Männern und Frauen unterschiedlich, aber beide Geschlechter machen im Laufe ihres Lebens erhebliche Hormonveränderungen durch. Diese hormonellen Veränderungen können verwirrend sein. Außerdem können die Symptome sehr unterschiedlich sein und von harmlos bis hin zu belastend reichen. Für die Linderung vieler dieser Symptome gibt es einige Kräuterheilmittel, die Sie ausprobieren können. Hier sind einige der besten Kräuter für die Symptome der Menopause oder Andropause:

- Nachtkerze,
- Ginseng,
- Hopfen,
- Johanniskraut.

Müdigkeit und Erschöpfung

Viele Menschen haben mit chronischer Müdigkeit zu kämpfen. In unserer schnelllebigen Welt ist es kein Wunder, dass dies ein häufiges Problem ist. Sie müssen sich jedoch keine Sorgen machen, denn es gibt eine Menge großartiger pflanzlicher Ergänzungsmittel, die Sie in Ihr Leben einführen können und die Ihnen helfen können, mit der chronischen Müdigkeit umzugehen, die Sie vielleicht erleben. Hier sind einige ausgezeichnete Kräuter, die Sie verwenden können, um die chronische Müdigkeit zu lindern:

- **Ginseng.** Ginseng ist ein hervorragendes Kraut zur Stärkung des Immunsystems sowie für mehr Energie. Es eignet sich hervorragend zur Linderung chronischer Müdigkeit und um mehr Wachsamkeit und Energie in Ihr Leben zu bringen. Wenn Sie Ginseng durch Tees in Ihre Ernährung oder sogar durch Seifen in Ihre Hautpflege einbeziehen, können Sie von seinen Vorteilen profitieren.
- **Echinacea.** Ein weiteres immunstärkendes Kraut ist der Sonnenhut (Echinacea). Die Stärkung des Immunsystems ist für Menschen mit chronischer Müdigkeit besonders wichtig, da das Immunsystem viel Energie verbraucht. Da Sie ständig gegen potenzielle Krankheiten ankämpfen, kann die zusätzliche Stärkung Ihres Immunsystems Ihnen helfen, diese Energie für andere Dinge zu sparen. Die Einnahme dieses immunstärkenden Nahrungsergänzungsmittels wird daher Wunder für Ihr Energieniveau bewirken.

- **Salbei.** Er ist eine weitere hervorragende Ergänzung zur Steigerung des Energieniveaus. Er verbessert auch andere gesundheitliche Aspekte wie die Stimmung, die kognitive Funktion und das Gedächtnis. Diese Dinge sind miteinander verbunden, sodass deren Verbesserung Ihr Energieniveau erheblich steigern kann.

Energie ist notwendig, daher kann die Anwendung dieser Kräuter Ihr Leben verbessern. Viele von ihnen können entweder oral eingenommen oder in der Aromatherapie verwendet werden.

Mundtrockenheit

Ein trockener Mund mag unbedeutend erscheinen, aber er kann Ihr Leben beeinträchtigen. Zum Glück gibt es natürliche Heilmittel, die speziell gegen diese Beschwerden helfen. Die wirksamsten sind feuchtigkeitsspendende Mittel, die die Speichelproduktion im Mund anregen und Linderung verschaffen. Hier sind einige der besten pflanzlichen Lösungen für dieses Problem:

- **Aloe vera.** Erfrischen und befeuchten Sie Ihren Mund, indem Sie diese vielseitige Pflanze in Form von Saft trinken.
- **Eibischwurzel.** Diese Wurzel ist sehr feuchtigkeitsspendend und hilft, verlorenen Speichel zu ersetzen.
- **Schwarzer Pfeffer.** Wird als natürliches Heilmittel zur Stimulierung der Speicheldrüsen verwendet, was indirekt zur Linderung der Symptome von Mundtrockenheit beitragen kann.

Wie bei allen anderen in diesem Buch besprochenen oralen Problemen werden diese Mittel am besten über den Mund eingenommen, was bedeutet, dass Sie die meisten von ihnen essen können, um Ihre Mundtrockenheit zu überwinden.

Muskelschmerzen

Verspannungen und Zerrungen können eine echte Prüfung für Ihre Muskeln sein. Starke Muskelverspannungen können schmerzhaft sein. Es kann zu Mobilitätsproblemen, Schwierigkeiten beim Heben von Gegenständen und sogar zu allgemeinem Unwohlsein führen. Es gibt zwar Muskelrelaxanzien, die man einnehmen kann, aber eine dauerhafte Einnahme dieser Mittel kann auch eine Reihe von Problemen verursachen. Stattdessen gibt es viele Kräuterheilmittel, die Ihnen helfen können, Ihre Muskelschmerzen zu lindern. Sie können das Verdauungssystem schonen und wirksamer sein als herkömmliche Medikamente. Hier stellen wir Ihnen einige der wirksamsten pflanzlichen Heilmittel gegen Muskelschmerzen vor:

- Ingwer,
- Kurkuma,
- Teufelskralle,
- Arnika.

Ödeme

Eine der weniger bekannten Erkrankungen auf dieser Liste, das Ödem, betrifft jedes Jahr immer noch viele Menschen. Es ist durch Schwellungen gekennzeichnet und wird oft durch Flüssigkeitsansammlungen im Körper verursacht. Aus diesem Grund empfehlen viele Kräuterkundige Diuretika, um die Ausscheidung von Flüssigkeiten zu unterstützen, die Ödeme verursachen können. Hier sind einige der besten Diuretika zur Behandlung von Ödemen:

- **Grüner Tee.** Grüner Tee ist ein gesunder Tee mit vielen Antioxidantien und einem anregenden harntreibenden Effekt und daher für jede Ödembehandlung unerlässlich. Trinken Sie ihn oder baden Sie darin, um die Dämpfe zu absorbieren, was dazu beitragen sollte, dass ein Teil der Flüssigkeit fast sofort abfließt.

- **Olivenblätter.** Die Blätter des Olivenbaums sind entzündungshemmend und haben auch gute harntreibende Eigenschaften. Kaufen Sie sie in Kapselform, um die Einnahme zu erleichtern, wenn Ihnen das lieber ist.
- **Ananassaft.** Eine weitere entzündungshemmende Substanz, die Ananas, ist eine ausgezeichnete Wahl für die Heilung Ihres Ödems. Kaufen Sie entweder fertigen Saft oder pressen Sie ihn selbst aus einer frischen Ananas.

Da die flüssigkeitsentziehende Wirkung dieser Diuretika in erster Linie über den Verdauungstrakt erfolgt, werden sie am besten oral eingenommen. Wenn jedoch eine andere Methode für Sie am besten funktioniert, sollten Sie diese ausprobieren.

Ohrinfektion/Ohrenschmerzen

Wer schon einmal das Pech hatte, Ohrenschmerzen zu haben, weiß, wie quälend diese sein können. Glücklicherweise gibt es mehrere Kräuterheilmittel, die Sie bei einer Ohrenentzündung ausprobieren können, wie:

- **Ingwer.** Diese altbewährte Pflanze ist für ihre entzündungshemmenden Eigenschaften bekannt und kann bei äußerlicher Anwendung im betroffenen Bereich Linderung verschaffen.
- **Knoblauch.** Dieses Gemüse hilft bei Entzündungen und hat antibakterielle Eigenschaften, die eine Infektion bekämpfen können. Verwenden Sie Ohrentropfen mit Knoblauchöl direkt im Gehörgang.
- **Olivenöl.** Dieses Öl kann dazu beitragen, Ablagerungen und Verstopfungen im Ohr zu lösen und so die durch verstopfte Ohren verursachten Schmerzen zu lindern.

Obwohl all diese pflanzlichen Methoden dazu gedacht sind, in das Ohr eingeführt zu werden, sollten Sie vorsichtig sein, mit welchen Teilen des Ohrs sie in Berührung kommen – insbesondere bei Ingwer, da man damit möglicherweise das Trommelfell schädigen kann.

PCO-Syndrom

Eine etwas weniger bekannte, aber weitverbreitete Krankheit, das Polycystische Ovarialsyndrom (PCO-Syndrom), betrifft die Fortpflanzungsorgane von Frauen im gebärfähigen Alter. Dieses Syndrom ist hormonell bedingt und kann für die Betroffenen schmerzhaft sein. Es kann auch viele andere Probleme verursachen, von schmerzhaften Regelblutungen über Akne bis hin zu Haarausfall. Bei vielen Menschen bleibt das PCO-Syndrom lange Zeit unerkannt, sodass sie stillschweigend unter ihren Symptomen leiden. Glücklicherweise gibt es viele Kräuterheilmittel, die Sie ausprobieren können, um einige der schwierigeren PCO-Symptome zu lindern, unter denen Sie möglicherweise leiden:

- Grüner Tee,
- Kurkuma,
- Zimt.

Pilzinfektion

Pilzinfektionen können an vielen Stellen des Körpers auftreten. Sie können besonders unangenehm und schmerzhaft sein, weshalb viele nach pflanzlichen Behandlungsmethoden suchen. Glücklicherweise können viele solcher Behandlungen eine Menge gegen Ihre Pilzinfektion tun, einschließlich der Linderung einiger der schmerzhaften Symptome. Hier sind die besten, die Sie ausprobieren sollten:

- **Kurkuma.** Hat antimikrobielle Eigenschaften, die bei der Bekämpfung einiger schwerwiegenderer Pilzinfektionen helfen können. Kurkuma-Paste, die aus Kurkuma und Wasser hergestellt wird, kann entweder äußerlich auf die infizierte Stelle aufgetragen oder getrunken werden, um von innen zu wirken.
- **Oregano oder Oreganoöl.** Als aktives antimykotisches Kraut ist Oregano hervorragend geeignet, um einige der unangenehmeren Aspekte einer Infektion zu bekämpfen. Wie Kurkuma kann es direkt auf die infizierte Stelle aufgetragen oder bei inneren Infektionen eingenommen werden.
- **Neemblätter.** Lassen Sie etwas Neem in Wasser ziehen und waschen Sie die infizierte Stelle damit, um die gefährlichen Pilze abzutöten, die Ihren Körper infizieren.

Da Pilzinfektionen in vielen Formen auftreten können, können viele dieser Mittel zur äußerlichen und innerlichen Behandlung eingesetzt werden. Passen Sie die Anwendungsmethode an die Art Ihrer Erkrankung an und finden Sie das für Sie am besten geeignete Mittel.

PMS

Eine schmerzhafte Periode kann schwer zu ertragen sein, aber für den Durchschnittsmenschen kann das prämenstruelle Syndrom selbst schon schwierig genug sein. Mit Symptomen, die von Müdigkeit über Krämpfe bis hin zu Konzentrationsschwierigkeiten reichen, kann PMS das Leben vieler Menschen negativ beeinflussen. Da Müdigkeit eine zentrale Rolle bei PMS spielt, sind Stimulanzien in der Regel die Lösung, da der Körper in Vorbereitung auf den Menstruationszyklus härter arbeitet. Wie bereits erwähnt, können Stimulanzien jedoch gefährlich sein, wenn man sie missbraucht, daher sollte man sie mit Bedacht einsetzen. Stattdessen sind pflanzliche Methoden eine ausgezeichnete Alternative.

Hier stellen wir einige der besten Kräuter zur Linderung der schlimmsten PMS-Symptome vor:

- Kurkumin,
- Johanniskraut,
- Nachtkerze.

Wochenbettkomplikationen

Ein Baby zu bekommen, ist eine der größten Herausforderungen und Stressfaktoren, die ein Mensch erleben kann. Anschließend müssen Sie direkt einen neuen Lebensstil beginnen, in dem Sie die volle Verantwortung für ein verletzliches Leben tragen. Es gibt nicht viele angsterfüllendere Erfahrungen auf der Welt. Daher leiden viele frisch gebackene Mütter nach der Geburt unter psychischen Problemen wie Depressionen, Angstzuständen und sogar schlimmerem. Dies kann schwierig zu bewältigen sein, da man so viel zu tun hat und die Geburt eines Babys zudem isolierend wirken kann. Viele junge Mütter suchen daher nach einer Lösung für diese belastenden Gefühle. Während das Gespräch mit einem Therapeuten oder vielleicht sogar die Einnahme von Antidepressiva helfen kann, gibt es auch viele pflanzliche Methoden, um einige der postpartalen Symptome zu lindern:

- Rosmarin,
- Salbei,
- Thymian,
- Lavendel.

Rückenschmerzen

Als durchschnittlicher Erwachsener leidet man häufig unter Rückenschmerzen. Es gibt zwar keine perfekte Lösung, aber die Verringerung von Anspannung ist eine Möglichkeit, die

Beschwerden zu lindern. Hier sind einige Kräuter, die Verspannungen reduzieren und Rückenschmerzen lindern können:

- **Baldrianwurzel.** Hilft, das Nervensystem zu regulieren und stressbedingte Probleme zu lindern.
- **Kurkuma.** Kurkuma wird verwendet, um Entzündungen in den Gelenken zu verringern, und kann eine große Hilfe bei der Linderung von Rückenschmerzen sein.
- **Ingwer.** Er wirkt entzündungshemmend und reduziert Rückenschmerzen, wenn er in die Ernährung aufgenommen wird.

Bei Rückenschmerzen gibt es zwei Möglichkeiten: den *Verzehr von Kräutern* oder *die äußerliche Anwendung ihrer Öle.* Der Verzehr der Kräuter kann langfristig zum Stressabbau beitragen, während die Anwendung der Öle direkt auf der Haut unmittelbarere Ergebnisse liefert. Eine Massage mit Kurkuma-Öl könnte ein guter Weg sein, um zu sehen, ob dieser Ansatz für Sie funktioniert.

Schlaflosigkeit

Viele Menschen leiden unter Schlaflosigkeit. Schlaftabletten sind jedoch stark in die Kritik geraten, weil sie stark süchtig machen und dazu führen, dass Menschen eine Abhängigkeit entwickeln und in Zukunft nicht mehr ohne sie schlafen können. Viele Kräuterheilmittel können jedoch so einiges gegen Ihre Schlaflosigkeit tun und Ihnen helfen, leichter einzuschlafen, darunter:

- Lavendel,
- Kamille,
- Baldrian.

Schmerzbehandlung/-linderung

Für Menschen, die mit chronischen oder auch nur gelegentlichen Schmerzen zu kämpfen haben, stehen viele Möglichkeiten zur Verfügung. Handelsübliche Schmerzmittel sind leicht zu beschaffen, haben aber ihre Tücken. Sie können bei übermäßigem Gebrauch gesundheitliche Probleme verursachen. Stärkere oder verschreibungspflichtige Schmerzmittel können sogar stark süchtig machen und auf Dauer zu Drogenmissbrauch führen. Daher sollten Sie sicherstellen, dass Sie eine breitere Palette von Möglichkeiten zur Schmerzlinderung ausprobieren. Kräuterheilmittel eignen sich hervorragend. Hier sind einige der wirksamsten Kräuterheilmittel zur Schmerzlinderung:

- ätherisches Lavendelöl,
- Gewürznelken,
- Rosmarin,
- Eukalyptus.

Sinusitis

Wenn Sie unter saisonalen Allergien leiden oder anfällig für Erkältungen und Grippe sind, haben Sie wahrscheinlich schon einmal Probleme mit Ihren Nebenhöhlen gehabt. Sinusitis ist eine ernste Erkrankung und kann Ihre Atmung beeinträchtigen. In extremen Fällen kann der Druck in den Nebenhöhlen Kopfschmerzen und Sauerstoffmangel verursachen. Sie sollten sich also behandeln lassen, um diese negativen Symptome zu vermeiden. Glücklicherweise bieten Kräuter eine Menge guter Lösungen für das Problem der Nasennebenhöhlenverstopfung. Im Folgenden finden Sie einige ausgezeichnete Heilmittel für den Umgang mit Nasennebenhöhlenproblemen:

- Schafgarbe,
- Ingwer,
- Kurkuma.

Sodbrennen/GERD/Säurereflux

Haben Sie sich schon einmal nach einer Mahlzeit unwohl gefühlt, durch Sodbrennen bzw. Säurereflux? Manche Menschen leiden unter einer viel schlimmeren Version, der chronischen gastro-ösophagealen Refluxkrankheit (GERD). Das Essen kann dabei schwierig sein; vielleicht vermeiden Sie sogar bestimmte Lebensmittel, um diesen Symptomen zu entgehen. Die gute Nachricht ist, dass es Möglichkeiten gibt, den Säureüberschuss zu lindern und den Verdauungsprozess erträglicher zu machen.

Um Ihnen dabei zu helfen, sollten Sie die folgenden Kräuter in Betracht ziehen:

- Fenchel,
- Katzenminze,
- Papaya-Tee,
- Eibischwurzel.

Übelkeit

Magenprobleme sind ein kompliziertes Leiden. Übelkeit ist eine der unangenehmsten Krankheiten, wenn man täglich davon betroffen ist. Sie kann Sie davon abhalten, bestimmte Lebensmittel zu essen, und sie kann Sie sogar davon abhalten, in Gesellschaft zu essen. Aus diesem Grund möchten Sie wahrscheinlich etwas gegen Ihre Übelkeit unternehmen, vor allem, wenn sie chronisch ist.

Kräuterheilmittel sind eine großartige Lösung, da sie minimalinvasiv sind und den Körper nicht belasten, z. B.:

* Ingwer,
* Traubenkernöl,
* Kamille,
* Pfefferminze.

Unregelmäßigkeiten im Menstruationszyklus

Für menstruierende Personen kann diese Zeit sehr hart sein. Manche Menschen haben sehr leichte Zyklen mit wenig oder gar keinen Schmerzen, aber andere leiden unter belastenden Symptomen, die extreme Schmerzen verursachen und sie möglicherweise sogar zu einer Auszeit von der Schule oder der Arbeit zwingen. Aber das muss nicht so sein. Jüngsten Forschungsergebnissen zufolge gibt es viele Zusammenhänge zwischen einem schlechten allgemeinen Gesundheitszustand und schmerzhaften Perioden. Wenn Sie also unter diesen Schmerzen leiden, können Sie etwas für Ihre allgemeine Gesundheit tun, um diese kräftezehrenden Symptome zu lindern. Es gibt viele spezifische Kräuterheilmittel, die Sie verwenden können, um einige Ihrer Regelschmerzen zu lindern. Hier zeigen wir Ihnen einige der besten zum Ausprobieren:

* weiße Pfingstrose,
* Chinesische Engelwurz,
* Mönchspfeffer,
* Schafgarbe.

Verbrennungen

Ein unangenehmer Sonnenbrand oder das Backen von Plätzchen ohne Topflappen kann sich sehr unangenehm anfühlen. Mit der richtigen Kräuterkenntnis können Sie Verbrennungen jedoch ganz einfach behandeln. Einige gute Möglichkeiten, Kräuter zur Behandlung von Hautverbrennungen zu verwenden, sind:

- **Aloe vera.** Unverzichtbar zur Linderung von Verbrennungen, insbesondere von Sonnenbränden. Ihre Eigenschaften bieten sowohl sofortige Linderung als auch eine wirksame Methode zur langfristigen Heilung der Haut.
- **Ringelblume.** Aus dieser Blume lässt sich ein hervorragender Aufguss herstellen, der bei Verbrennungen Wunder wirken kann.
- **Indischer Wassernabel.** Am besten als Creme mit nur 1 % Anteil des Krauts. Es ist ein ausgezeichnetes Mittel, um Verbrennungen schnell zu lindern.

Diese einfachen Heilmittel können Ihnen helfen, Ihre Verbrennungen sofort zu lindern und die Heilung der Haut nach der Verbrennung zu unterstützen.

Verdauungsstörungen/Dyspepsie

Mit Verdauungsstörungen zu kämpfen, ist kein Zuckerschlecken. Es kann Ihre Essgewohnheiten und Ihr gesamtes Verdauungssystem stark belasten. Wenn Sie unter Verdauungsstörungen leiden, haben Sie wahrscheinlich schon vieles ausprobiert, um sich Linderung zu verschaffen. Aber wenn Sie einige der Kräuterheilmittel untersuchen, werden Sie feststellen, dass es unter ihnen eine Menge zu finden gibt. Hier stellen wir Ihnen einige der besten pflanzlichen Heilmittel für Ihre Verdauungsprobleme vor:

- Fenchel,
- Ingwer,
- Pfefferminze.

Verstopfung

Verstopfung ist ein häufiges Verdauungsproblem, und es ist schwierig, die empfohlenen zwei bis drei Stuhlgänge pro Tag einzuhalten. Ballaststoffe zu essen und Sport zu treiben sind grundlegende Lösungen, aber Sie können auch Kräuterheilmittel ausprobieren, um sich bei diesem Problem zu helfen. Im Folgenden finden Sie die besten pflanzlichen Mittel gegen Verstopfung, die Sie anwenden können, um Linderung zu finden:

- **Flohsamenschalen.** Eine Art von Pflanze, die Sie als natürliches Abführmittel verwenden können und die Ihnen bei kurzfristiger Verstopfung helfen kann. Flohsamenschalen sind eines der besten Mittel, die Sie zu sich nehmen können. Verwenden Sie es jedoch in Maßen, da ein übermäßiger Gebrauch von Abführmitteln langfristig zu gefährlichem Gewichtsverlust und Problemen wie Übelkeit, Erbrechen und Durchfall führen kann.
- **Rot-Ulme.** Eine weitere pflanzliche Methode, aber kein Abführmittel. Stattdessen stimuliert die Ulme die Magen-Darm-Nerven und hilft so, den Stuhlgang zu verbessern.
- **Rhabarber.** Eine gute Option für ein sekundäres Abführmittel. Das Beste an Rhabarber ist, dass er köstlich schmeckt, sodass man ihn in einem Kuchen oder Tee genießen kann. Auch hier gilt: nur kurzfristig verwenden.

Wie wir in diesem Abschnitt bereits gesagt haben, ist es unerlässlich, dass Sie alle Methoden zur Beseitigung von Verstopfung verantwortungsbewusst anwenden. Andernfalls könnten Sie Ihrem Verdauungssystem schnell Schaden zufügen. Wenden Sie diese Methoden nur in Notfällen, bei Bedarf und nicht regelmäßig an.

Windpocken

Obwohl Windpocken nicht mehr so häufig vorkommen, können sie sehr schmerzhaft und unangenehm sein. Wenn Sie erkrankt sind, kann das Warten auf die Wirkung des Medikaments eine Qual sein. In der Zwischenzeit können Sie einige dieser Kräuterheilmittel verwenden, um die Symptome zu lindern:

- **Kamille.** Als beruhigendes Kraut ist Kamille ideal zur Behandlung der schmerzhaften und juckenden Hautausschläge bei Windpocken. Eine Kompresse oder ein Bad wirken Wunder für die Haut und verschaffen Ihnen die dringend benötigte Linderung.
- **Hafer.** Ein weiteres klassisches Mittel gegen Windpocken. Ein Haferflocken-Bad oder die Verwendung einer Seife oder Creme auf Haferbasis ist ein sicherer Weg, um den Juckreiz und das Brennen zu lindern.

Um die schrecklichen Hautreizungen bei Windpocken zu lindern, gelten topische Behandlungen als das wirksamste Mittel. Diese Behandlungen verschaffen Ihrer Haut unmittelbare Linderung und Komfort.

Schlussfolgerungen

Die Kräuterkunde ist ein unglaublich faszinierendes Studiengebiet mit vielen Möglichkeiten, die es zu erkunden gilt. Ganz gleich, ob Sie einen eher ganzheitlichen Ansatz verfolgen und Kräuterheilmittel als primäre Heilmethode einsetzen oder eine bereits bestehende medizinische Behandlung ergänzen wollen – Sie können hier etwas Nützliches finden. Ganz gleich, wofür Sie sich entscheiden, die Kräuterkunde hat immer interessante Aspekte zu bieten, die Ihr Leben positiv verändern können. In diesem Buch haben wir Ihnen einen umfassenden Überblick über die Praxis der Kräuterkunde gegeben und Ihnen gezeigt, wie Sie sie in Ihren Lebensstil einbauen können. Inzwischen sollten Sie genau verstehen, was die Kräuterkunde beinhaltet und wie sie Ihnen nützen kann.

Bevor wir uns mit den ausführlicheren Aspekten der Kräuterkunde befasst haben, hat Kapitel 1 dazu beigetragen, das Feld zu definieren und zu klären, was es beinhaltet. So wurde in diesem Kapitel erörtert, was Kräuterkunde bedeutet, und es wurden einige verwirrende Unterscheidungen geklärt. Ebenso wurden Begriffe wie „Kräuterkunde" und „Kräuterheilmittel" untersucht, um Ihnen eine klare Vorstellung davon zu vermitteln, was beide Begriffe bedeuten, und um die Grundlage für die spätere Erforschung dieser Disziplin zu schaffen. Mit dieser grundlegenden Wissensbasis können Sie sich getrost in die Kräuterkunde vertiefen.

In Kapitel 2 haben wir uns mit der Geschichte der Kräuterkunde weltweit befasst. Wir haben uns sieben verschiedene Kräutertraditionen angesehen, um sowohl die weit zurückreichende Geschichte als auch die Vielfalt innerhalb der Kräuterkunde zu veranschaulichen. Da es sich um eine lange Tradition handelt, gilt es zu erkennen, wie wichtig sie für die Geschichte der Menschheit ist. Es ist aber auch wichtig, die Pioniere dieser Disziplinen zu würdigen, die nach jahrelangen Entdeckungen und Versuchen das heutige System der Kräuterkunde geschaffen haben. Obwohl diese Praktiken vielfältig und manchmal widersprüchlich sind, können Sie sich dennoch von ihnen inspirieren lassen. Sie können sich entweder auf eine von ihnen festlegen und versuchen, sie so genau wie möglich zu befolgen, oder Sie können respektvoll von jeder von ihnen Gebrauch machen; so, wie es Ihren Bedürfnissen entspricht. Wie auch immer Sie sich entscheiden, es ist immer wichtig, zu wissen und anzuerkennen, woher diese Dinge kommen.

In Kapitel 3 haben wir uns dann damit beschäftigt, wie man sich seine Kräuter beschafft. Für Heilzwecke ist es wichtiger als alles andere, die Kräuter auf die richtige Weise zu beschaffen. Die Qualität der Zutaten hat einen großen Einfluss auf die Qualität des Produkts und der Ergebnisse. Der Unterschied zwischen dem Sammeln, dem Anbau und dem Kauf Ihrer Zutaten kann einen massiven Einfluss auf die Ergebnisse Ihrer Kräuteranwendung haben. Nun kennen Sie alle Vor- und Nachteile der einzelnen Methoden.

Danach, in Kapitel 4, haben wir uns eingehender damit beschäftigt, wie Sie Ihre Kräuter zubereiten können. Wir haben uns mit den Hilfsmitteln befasst, die Sie für den Zubereitungsprozess benötigen, was sehr wichtig ist. Das Fehlen eines Utensils führt zu minderwertigen Kräuterkreationen und damit auch zu minderwertigen Ergebnissen. Wir haben auch über die Zutaten gesprochen, die Sie außer den Kräutern selbst benötigen. Diese können leicht übersehen werden, daher ist es wichtig, dass Sie diesem Teil der Kräuterkunde Ihre Aufmerksamkeit schenken. Dann sprachen wir über verschiedene Methoden der Zubereitung von Kräutern. Da die Anwendungsmöglichkeiten dieser Methoden so vielfältig sind, ist es wichtig, dass Sie über die verschiedenen Zubereitungsarten Bescheid wissen, die Sie verwenden können.

Und zu guter Letzt haben wir Ihnen in den Kapiteln 5 und 6 zwei umfangreiche Listen von Kräutern und ihren Verwendungen, von Beschwerden und Heilmitteln gegeben. Diese Abschnitte eignen sich hervorragend zum Nachschlagen und können für den zukünftigen Gebrauch nützlich sein. Wenn Sie eine umfassende Liste sowohl der Krankheiten als auch der Kräuter haben, werden Sie ein viel besseres Gefühl für den Umfang der Kräuterkunde und all die Dinge, die Sie damit tun können, bekommen. Nach diesen Abschnitten sollten Sie ein starkes Gefühl dafür haben, was die Kräuterkunde alles für Sie tun kann, und über eine großartige Liste verfügen, auf die Sie in Zukunft zurückgreifen können.

Wir haben Ihnen somit die wichtigsten Werkzeuge an die Hand gegeben, die Sie auf Ihrer Reise durch die Welt der Kräuterkunde benötigen: die vier Säulen der Kräuterkunde. Es mag keine einfache oder leichte Disziplin sein, aber sie kann Ihr Leben um ein Vielfaches bereichern. Sie kann Ihnen helfen, Krankheiten zu heilen, eine bessere geistige Gesundheit zu erlangen, sich mit anderen Menschen zu verbinden und sich sogar in Ihrem Körper wohler zu fühlen.

Wenn Ihnen dieses Buch gefallen hat oder Sie etwas daraus gelernt haben, würde ich mich freuen, wenn Sie uns eine Rezension hinterlassen. Ich lese die Rezensionen und lerne viel aus ihnen zu Forschungszwecken. Nehmen Sie Ihr Wissen, ziehen Sie los und verbessern Sie Ihr Leben mithilfe der unglaublichen Kraft der Kräuter!

Glossar

Sammeln: Kräuter in der Natur finden und sie für den eigenen Gebrauch ernten.

Ausräuchern: Ein Raum wird mit Dämpfen eines bestimmten Geruchs gefüllt.

Kräuterkunde: Die medizinische Praxis, hauptsächlich mit Kräutern Krankheiten zu heilen oder die Gesundheit zu fördern.

Kräuterheilmittel: Heilmittel für Krankheiten, die aus natürlichen Pflanzenstoffen hergestellt werden.

Irokesen: Eine indigene nordamerikanische Kultur.

Mesoamerikanisch: Eine alte zentralamerikanische Kultur.

Vermehrung: Der Vorgang, bei dem ein Teil einer Pflanze genommen wird und zu einer anderen neuen Pflanze heranwächst.

Lösungsmittel: Substanzen zum Mischen Ihrer Kräutermischungen.

Unani: Eine südasiatische Heilmethode auf pflanzlicher Basis.

Quellen

Agrimony: Health benefits, side effects, uses, dose & precautions. (11. Juni 2021). RxList. https://www.rxlist.com/agrimony/supplements.htm#:~:text=Agrimony%20is%20used%20for%20sore

Angelica: Health benefits, uses, side effects, dosage & interactions. (11. Juni 2021). RxList. https://www.rxlist.com/angelica/supplements.htm

Baillie, L. (15. Mai 2018). *5 top herbs for muscle and joint pain.* Avogel. https://www.avogel.co.uk/health/muscles-joints/5-top-herbs-for-muscle-and-joint-pain/

Banerjee, N. (22. November 2022). *18 simple home remedies for fungal infections!* PharmEasy Blog. https://pharmeasy.in/blog/try-these-simple-home-remedies-for-fungal-infections/

Betony: Overview, uses, side effects, precautions, interactions, dosing and reviews. (o. D., abgerufen am 7. Februar 2023). WebMD. https://www.webmd.com/vitamins/ai/ingredientmono-587/betony#:~:text=Betony%20is%20an%20herb

Binu, S. (4. August 2022). *Viral fever: 5 incredible natural herbs to combat viral fever.* Netmeds. https://www.netmeds.com/health-library/post/viral-fever-5-incredible-natural-herbs-to-combat-viral-fever

Bowman, J. (19. November 2021). *The many benefits of lavender for mood, sleep, hair, and skin.* Healthline. https://www.healthline.com/health/what-lavender-can-do-for-you

Brown, P. S. (16. August 2012). The vicissitudes of herbalism in late nineteenth- and early twentieth-century Britain. *Medical History, 29*(1), 71–92. https://doi.org/10.1017/s0025727300043751

Burgess, L. (27. Februar 2019). *12 natural ways to relieve pain.* Medical News Today. https://www.medicalnewstoday.com/articles/324572#peppermint

Burke, T. (9. November 2019). *Herbs for hypothyroid.* Blossom Wellness. https://drtaraburke.com/herbs-for-hypothyroid/#:~:text=Fucus%20vesiculosus%2C%20alternatively%20known%20as

Burns. Complementary and alternative medicine. (o. D., abgerufen am 7. Februar 2023). St. Luke's Hospital. https://www.stlukes-stl.com/health-content/medicine/33/000021.htm

Calendula information. (o. D., abgerufen am 7. Februar 2023). Mount Sinai Health System. https://www.mountsinai.org/health-library/herb/calendula#:~:text=The%20dried%20petals%20of%20the

Canter, P. H., Thomas, H. und Ernst, E. (April 2005). Bringing medicinal plants into cultivation: opportunities and challenges for biotechnology. *Trends in Biotechnology, 23*(4), 180–185. https://doi.org/10.1016/j.tibtech.2005.02.002

Catnip uses, benefits and side effects. (o. D., abgerufen am 7. Februar 2023). Drugs.com. https://www.drugs.com/npc/catnip.html

Chaste tree uses, benefits & side effects. (16. Juni 2022). Drugs.com. https://www.drugs.com/npc/chaste-tree.html

Chauhan, M. (17. April 2019). *Rose (rosa centifolia) – medicinal properties, benefits, dosage*. Planet Ayurveda. https://www.planetayurveda.com/library/rose-rosa-centifolia/

Chen, S. L., Yu, H., Luo, H. M. et al. (30. Juli 2016). Conservation and sustainable use of medicinal plants: problems, progress, and prospects. *Chinese Medicine, 11*(37). https://doi.org/10.1186/s13020-016-0108-7

Cheng, R. (1. Januar 1984). Chinese herbalism. *Canadian Family Physician, 30,* 119-22. https://pubmed.ncbi.nlm.nih.gov/21283498/

Cherney, K. (15. November 2022). *9 herbs to fight arthritis pain.* Healthline. https://www.healthline.com/health/osteoarthritis/herbs-arthritis-pain

Cleavers 101. (12. April 2017). Traditional Medicinals. https://www.traditionalmedicinals.com/blogs/ppj/cleavers-101

Clonger, K. (o. D.). *Herbs for ADHD.* Remedy Holistic. https://www.remedyrx.com/blogs/the-remedy-blog/herbs-for-adhd#:~:text=Other%20adaptogenic%20herbs%20that%20have

Complementary and Alternative Medicine. Chronic fatigue syndrome. (o. D., abgerufen am 7. Februar 2023). St. Luke's Hospital. https://www.stlukes-stl.com/health-content/medicine/33/000035.htm

Corn silk: Health benefits, uses, side effects, dosage & interactions. (11. Juni 2021). RxList. https://www.rxlist.com/corn_silk/supplements.htm

Cronkleton, E. (12. Dezember 2018). *How to use aloe vera plant: Benefits, risks, and more.* Healthline. https://www.healthline.com/health/how-to-use-aloe-vera-plant

Cronkleton, E. (8. März 2019). *10 benefits of lemon balm and how to use it.* Healthline. https://www.healthline.com/health/lemon-balm-uses

Cunha, J. P. (16. August 2021). *Ginkgo biloba: Side effects, dosages, treatment, interactions, warnings.* RxList. https://www.rxlist.com/consumer_ginkgo_biloba/drugs-condition.htm

Dandelion information. (o. D., abgerufen am 7. Februar 2023). Mount Sinai Health System. https://www.mountsinai.org/health-library/herb/dandelion#:~:text=The%20leaves%20are%20used%20to

Davidson, K. (20. August 2020). *Red clover: Benefits, uses, and side effects.* Healthline. https://www.healthline.com/nutrition/red-clover

DerSarkissian, C. (2. August 2021). *Natural cough remedies.* WebMD. https://www.webmd.com/cold-and-flu/ss/slideshow-natural-cough-remedies

Echinacea information. (o. D., abgerufen am 7. Februar 2023). Mount Sinai Health System. https://www.mountsinai.org/health-library/herb/echinacea#:~:text=Today%2C%20people%20use%20echinacea%20to

Egan, N. (o. D.). *Gas: Beat the bloat.* Brigham and Women's Hospital. https://www.brighamandwomens.org/patients-and-families/meals-and-nutrition/bwh-nutrition-and-wellness-hub/special-topics/gas-beat-the-bloat

8 home remedies to relieve bug bites. (1. Mai 2018). Home Pest Control. https://www.homepest.com/blog/8-home-remedies-to-relieve-bug-bites#:~:text=Plants%20%26%20Herbs&text=Three%20are%20particularly%20helpful%20for

Elecampane: Health benefits, side effects, uses, dose & precautions. (11. Juni 2021). RxList. https://www.rxlist.com/elecampane/supplements.htm

11 all-natural (backed by science) hangover cures that actually work. (o. D.). EZ Lifestyle. https://ez-lifestyle.com/blog/11-all-natural-backed-by-science-hangover-cures-that-actually-work

Essential benefits of Chinese medicine and acupuncture for heart palpitations explained. (21. September 2020). Makari Wellness. https://makariwellness.com/acupuncture-for-heart-palpitations/

Fennel. (11. Juni 2021). RxList. https://www.rxlist.com/fennel/supplements.htm

Fenugreek: Uses, side effects, interactions, dosage, and warning. (o. D., abgerufen am 7. Februar 2023). WebMD. https://www.webmd.com/vitamins/ai/ingredientmono-733/fenugreek

Feverfew. (Dezember 2020). NCCIH. https://www.nccih.nih.gov/health/feverfew#:~:text=Feverfew%20is%20promoted%20for%20fevers

Five herbs that can naturally heal back pain. (4. Mai 2022). Premier Health Chiropractors. https://premierhealthmn.com/5-herbs-that-can-naturally-heal-back-pain/

Fletcher, A. B. (Januar 2020). African American folk medicine: A form of alternative therapy. ProQuest: *ABNF Journal, 11*(1).

https://www.proquest.com/openview/fa7a70cc5fa7c535d43e-38b35a66de68/1?pq-origsite=gscholar&cbl=32975

Frank, C. (6. September 2017). *Gingivitis: 4 effective home remedies*. Medical News Today. https://www.medicalnewstoday.com/articles/319268#treating-gingivitis-at-home

Frothingham, S. (12. Juli 2018). *Skin allergy home remedy*. Healthline. https://www.healthline.com/health/skin-allergy-home-remedy

Galan, N. (26. Februar 2019). *8 herbs and supplements to help treat depression*. Medical News Today. https://www.medicalnewstoday.com/articles/314421#herbs-and-supplements

Geck, M. S., Christians, S., González, M. B. et al. (31. Juli 2020). Traditional herbal medicine in Mesoamerica: Toward its evidence base for improving universal health coverage. ResearchGate: *Frontiers in Pharmacology*, 11:1160. https://www.researchgate.net/publication/343338937_Traditional_Herbal_Medicine_in_Mesoamerica_Toward_Its_Evidence_Base_for_Improving_Universal_Health_Coverage

Ginger: Overview, uses, side effects, precautions, interactions, dosing and reviews. (o. D., abgerufen am 7. Februar 2023). WebMD. https://www.webmd.com/vitamins/ai/ingredientmono-961/ginger#:~:text=People%20commonly%20use%20ginger%20for

Glass-Coffin, B. (März 2004) Mesoamerican healers. ProQuest: *American Anthropologist; Oxford 106*(1), 192–193. https://www.proquest.com/openview/dee53e65846d90fdc69827c61a322012/1?pq-origsite=gscholar&cbl=40961

Goldman, R. (20. September 2018). *11 effective earache remedies.* Healthline. https://www.healthline.com/health/11-effective-earache-remedies#compresses

Goldman, R. (30. September 2020). *What are the benefits of ashwagandha?* Medical News Today. https://www.medicalnewstoday.com/articles/318407

Granader, J. (8. November 2021). *Spices and herbs for PCOS: Natural PCOS treatment.* Allara Health. https://allarahealth.com/spices-and-herbs-for-pcos-natural-pcos-treatment/

Great plantain: Uses, side effects, interactions, dosage, and warning. (o. D., abgerufen am 7. Februar 2023). WebMD. https://www.webmd.com/vitamins/ai/ingredientmono-677/great-plantain

Grieve, M. (o. D.). *Elder.* Botanical. https://www.botanical.com/botanical/mgmh/e/elder-04.html

Griffin, R. M. (20. März 2021). *What Is chamomile?.* WebMD. https://www.webmd.com/diet/supplement-guide-chamomile

Griffin, R. M. (6. November 2022). *Cinnamon.* Nourish by WebMD. https://www.webmd.com/diet/supplement-guide-cinnamon

Guadagna, S., Barattini, D. F., Rosu, S. und Ferini-Strambi, L. (21. April 2020). Plant extracts for sleep disturbances: A systematic review. *Evidence-Based Complementary and Alternative Medicine, 2020*, 1-9. https://doi.org/10.1155/2020/3792390

Harley, J. (16. Januar 2020). *10 best natural home remedies for IBS.* Mindset Health. https://www.mindsethealth.com/matter/10-best-natural-home-remedies-for-ibs

Harvard Medical School. (15. Februar 2021). *Herbal remedies for heartburn*. Harvard Health Publishing. https://www.health.harvard.edu/diseases-and-conditions/herbal-remedies-for-heartburn#:~:text=Catnip%2C%20fennel%2C%20marshmallow%20root%2C

Hawthorn: Uses, side effects, interactions, dosage, and warning. (2019). WebMD. https://www.webmd.com/vitamins/ai/ingredientmono-527/hawthorn

Herbal medicine FAQs. (13. November 2016). American Herbalists Guild. https://www.americanherbalistsguild.com/herbal-medicine-fundamentals

Herbs and supplements for nausea. (o. D., abgerufen am 7. Februar 2023). Complementary and Alternative Medicine. St. Luke's Hospital. https://www.stlukes-stl.com/health-content/medicine/33/002581.htm

Hsu, E. (1. Oktober 2020). The history of Chinese medicine in the people's republic of China and its globalization. *East Asian Science, Technology and Society, 2*(4), 465–484. https://doi.org/10.1215/s12280-009-9072-y

Hui, H., Tang, G. und Go, V. L. W. (12. Juni 2009). Hypoglycemic herbs and their action mechanisms. *Chinese Medicine, 4*, 11. https://doi.org/10.1186/1749-8546-4-11

Khalsa, K. P. S. (13. Juli 2009). The practitioner's perspective: Introduction to ayurvedic herbalism. *Journal of Herbal Pharmacotherapy, 7*(3-4), 129-142. https://doi.org/10.1080/15228940802142746

Korean ginseng oral: Uses, side effects, interactions, pictures, warnings and dosing. (o. D., abgerufen am 7. Februar 2023).

WebMD. https://www.webmd.com/drugs/2/drug-734/korean-ginseng-oral/details#:~:text=Ginseng%20has%20been%20used%20for

Kubala, J. (5. Oktober 2020). *The 10 best herbs to boost energy and focus.* Healthline. https://www.healthline.com/nutrition/herbs-for-energy#2.-Sage

Lang, A. (8. April 2022). *Horsetail: Benefits, uses, and side effects.* Healthline. https://www.healthline.com/nutrition/horsetail

Linden: Health benefits, side effects, uses, dose and precautions. (11. Juni 2021). RxList. https://www.rxlist.com/linden/supplements.htm

Lubeck, B. (19. Oktober 2022). *The health benefits of olive leaf extract.* Verywell Health. https://www.verywellhealth.com/the-benefits-of-olive-leaf-extract-89489

Luck, M. (10. August 2022, abgerufen am 7. Februar). *5 herbal solutions for PMS.* Annex Naturopathic Clinic. https://citynaturopathic.ca/herbal-solutions-for-pms/

Marshmallow effectiveness, safety, and drug interactions. (11. Juni 2021). RxList. https://www.rxlist.com/marshmallow/supplements.htm

McCulloch, M. (4. April 2019). *Goldenrod: Benefits, dosage, and precautions.* Healthline. https://www.healthline.com/nutrition/goldenrod

McDermott, A. (22. März 2017). *Can You Use Herbs to Treat Acne?* Healthline. https://www.healthline.com/health/beauty-skin-care/herbs-for-acne#research

McDermott, A. (5. Oktober 2018). *5 herbal remedies for constipation*. Healthline. https://www.healthline.com/health/digestive-health/herbal-remedies-for-constipation#5.-Slippery-elm

McDermott, A. (5. Juli 2022). *12 natural remedies to reduce eczema symptoms*. Healthline. https://www.healthline.com/health/natural-remedies-to-reduce-eczema-symptoms#coconut-oil

McGrane, K. (12. Juni 2020). *What are licorice root's benefits and downsides?* Healthline. https://www.healthline.com/nutrition/licorice-root

Meadowsweet: Health benefits, side effects, uses, dose and precautions. (11. Juni 2021). RxList. https://www.rxlist.com/meadowsweet/supplements.htm

Menopause & herbs. (18. März 2022). Jean Hailes for Women's Health. https://www.jeanhailes.org.au/health-a-z/natural-therapies-supplements/menopause-herbs#:~:text=The%20types%20of%20herbs%20used

Meyers, A. (3. August 2021). *Restore gut health with 6 herbs and nutrients*. Amy Myers MD. https://www.amymyersmd.com/article/restore-gut-health-herbs-nutrients/

Milk thistle. (11. Juni 2021). RxList. https://www.rxlist.com/milk_thistle/supplements.htm

Mishra, S. (16. Februar 2023). *25 remedies to treat edema naturally + signs, causes, & types*. Stylecraze. https://www.stylecraze.com/articles/effective-home-remedies-for-edema/

Motherwort. (11. Juni 2021). RxList. https://www.rxlist.com/motherwort/supplements.htm

Mullein. (11. Juni 2021). RxList. https://www.rxlist.com/mullein/supplements.htm

Nall, R. (14. April 2019). *7 home remedies for chickenpox*. Healthline. https://www.healthline.com/health/home-remedies-for-chickenpox#sugar--free-popsicles

Naser, S. (31. Januar 2023). *10 natural remedies for diarrhea + causes, symptoms, and prevention tips*. Stylecraze. https://www.stylecraze.com/articles/home-remedies-to-get-rid-of-diarrhoea/

Nickleson, L. (16. Oktober 2017). *13 natural remedies you need to grow for winter colds*. Juice PLUS+. https://www.towergarden.ca/blog.read.html/en/2017/10/natural-herb-remedies.html

Nordqvist, J. (13. Dezember 2017). *Everything you need to know about rosemary*. Medical News Today. https://www.medicalnewstoday.com/articles/266370

O'Sullivan, C. (2005). *Reshaping herbal medicine: Knowledge, education and professional culture*. Elsevier Health Sciences. Google Books. https://books.google.com/books?hl=en&lr=&id=z0Yu9k68SzAC&oi=fnd&pg=PA99&dq=herbalism&ots=wx6o3znkzw&sig=TUx53NVYVK70Ltc0_DVK68nsc1g

Oregano: Uses, side effects, interactions, dosage, and warning. (2019). WebMD. https://www.webmd.com/vitamins/ai/ingredientmono-644/oregano

Peppermint. (11. Juni 2021). RxList. https://www.rxlist.com/peppermint/supplements.htm

Petre, A. (12. April 2019). *What is saw palmetto? Prostate health and other uses*. Healthline. https://www.healthline.com/nutrition/

saw-palmetto#:~:text=Saw%20palmetto%20is%20a%20supplement

Petre, A. (18. Juni 2020). *Goldenseal: Benefits, dosage, side effects, and more*. Healthline. https://www.healthline.com/health/goldenseal-cure-for-everything

Phan, R. (17. Januar 2023). *The health benefits of holy basil*. Verywell Health. https://www.verywellhealth.com/holy-basil-4766587

Pine. (11. Juni 2021). RxList. https://www.rxlist.com/pine/supplements.htm

Poulakou-Rebelakou, E., Karamanou, M. und George, A. (2015). The impact of ancient Greek medicine in India: the birth of Unani medicine. *Acta Medico-Historica Adriatica, 13*(2), 323–8. https://pubmed.ncbi.nlm.nih.gov/27604201/

Poulson, B., Horowitz, D. und Trevino, H. M. (o. D.). *Kelp*. University of Rochester Medical Center. https://www.urmc.rochester.edu/encyclopedia/content.aspx?contenttypeid=19&contentid=Kelp#:~:text=Kelp%20may%20improve%20sensory%20receptors

Rahimi-Madiseh, M., Bahmani, M., Karimian, P. und Rafieian-Kopaei, M. (2016). Herbalism in Iran: A systematic review. *Der Pharma Chemica, 8*(2), 36-42. http://eprints.skums.ac.ir/964/

Raman, R. (18. November 2020). *10 herbs that may help lower high blood pressure*. Healthline. https://www.healthline.com/nutrition/herbs-to-lower-blood-pressure#:~:text=That%20said%2C%20there%20are%20several

Randall, L. (10. Juli 2018). *Allergic rhinitis: 6 herbal remedies to try*. Sinus & Allergy Wellness Center of North Scottsdale. https://www.sinusandallergywellnesscenter.com/blog/allergic-rhinitis-6-herbal-remedies-to-try-sinus-allergy-wellness-clinic#:~:text=Try%20some%20ginger%20tea%20to

Red raspberry: Uses, side effects, interactions, dosage, and warning. (o. D.). WebMD. https://www.webmd.com/vitamins/ai/ingredientmono-309/red-raspberry

Rhiannon. (27. April 2020). *Herbal magic for postpartum healing*. Birth Boss. https://thebirthboss.com/blog-archive/2020/4/27/herbal-magic-for-postpartum-healing

Sage. (11. Juni 2021). RxList. https://www.rxlist.com/sage/supplements.htm

Self-heal: Overview, uses, side effects, precautions, interactions, dosing and reviews. (o. D., abgerufen am 7. Februar 2023). WebMD. https://www.webmd.com/vitamins/ai/ingredient-mono-130/self-heal

Silver, N. (3. Juni 2019). *5 Herbs for Severe Asthma: Are They Effective?* Healthline. https://www.healthline.com/health/severe-asthma/herbs-for-severe-asthma#honey

6 must-use herbs to balance hormones. (28. März 2022). CNM College of Naturopathic Medicine. https://www.naturopathy-uk.com/news/news-cnm-blog/blog/2022/03/28/6-must-use-herbs-to-balance-hormones/#:~:text=As%20already%20mentioned%20above%2C%20Vitex

Slodki, M. (15. Dezember 2021). *Beyond extractive ethics: A naturalcultural study of foragers and the plants they harvest*. University of Ottawa. https://ruor.uottawa.ca/handle/10393/43034

Solomon's seal. (11. Juni 2021). RxList. https://www.rxlist.com/solomons_seal/supplements.htm

St. John's wort: Uses, side effects, interactions, dosage, and warning. (2017). WebMD. https://www.webmd.com/vitamins/ai/ingredientmono-329/st-johns-wort

Stickler, T. (4. Juni 2020). *Migraine herbal home remedies from around the world.* Healthline. https://www.healthline.com/health/migraine-herbal-home-remedies-from-around-the-world

Stinging nettle: Uses, side effects, interactions, dosage, and warning. (2010). WebMD. https://www.webmd.com/vitamins/ai/ingredientmono-664/stinging-nettle

Stone, E. (1934). Medicine among the Iroquois. *Annals of Medical History, 6*(6), 529-539. https://www.ncbi.nlm.nih.gov/pmc/articles/PMC7943166/

Street, R. A., Stirk, W. A. und Van Staden, J. (28 October 2008). South African traditional medicinal plant trade—Challenges in regulating quality, safety and efficacy. *Journal of Ethnopharmacology, 119*(3), 705-710. https://doi.org/10.1016/j.jep.2008.06.019

Swift, K. (17. Juni 2011). *Dealing with jetlag.* Common Wealth Holistic Herbalism. https://commonwealthherbs.com/dealing-with-jetlag/#:~:text=Start%20your%20Red%20Clover%20or

Tattelman, E. (1. Juli 2005). Health Effects of Garlic. *American Family Physician, 72*(01), 103-106. https://www.aafp.org/pubs/afp/issues/2005/0701/p103.html#:~:text=Garlic

10 amazing herbs for good eye care. (1. Dezember 2014). Arizona Retinal Specialists. https://www.arizonaretinalspecialists.com/blog/10-amazing-herbs-for-good-eye-care/

Thyme. (11. Juni 2021). RxList. https://www.rxlist.com/thyme/supplements.htm

Top 5 herbs for indigestion. (25. Juli 2022). Australian Natural-Care. https://ausnaturalcare.com.au/blog/top-herbs-for-indigestion

Turmeric: Uses, side effects, interactions, dosage, and warning. (2019). WebMD. https://www.webmd.com/vitamins/ai/ingredientmono-662/turmeric

Uva ursi: Uses, side effects, interactions, dosage, and warning. (o. D.). WebMD. https://www.webmd.com/vitamins/ai/ingredient-mono-350/uva-ursi

Valerian: Uses, side effects, interactions, dosage, and warning. (o. D.). WebMD. https://www.webmd.com/vitamins/ai/ingredient-mono-870/valerian

Van De Walle, G. (11. Februar 2019). *Pau d'arco: Uses, benefits, side effects, and dosage.* Healthline. https://www.healthline.com/nutrition/pau-d-arco

Visser, M. (26. Dezember 2017). *14 must-have supplies for herbalists.* Herbal Academy. https://theherbalacademy.com/supplies-for-herbalists/

Ware, M. (3. Januar 2020). *The health benefits of cayenne pepper.* Medical News Today. https://www.medicalnewstoday.com/articles/267248

Watt, S. und Hayes, E. (2013). Monastic medicine: medieval herbalism meets modern science. *Science in School 27*: 38-44. https://www.scienceinschool.org/wp-content/uploads/2014/11/issue27_monastic.pdf

WebMD Editorial Contributors. (16. Juni 2021). *Herbs for endometriosis*. WebMD. https://www.webmd.com/women/endometriosis/herbs-for-endometriosis

WebMD Editorial Contributors und Pathak, N. (21. September 2020). *Elderberry: Health benefits, risks, uses, effectiveness*. WebMD. https://www.webmd.com/diet/elderberry-health-benefits#:~:text=The%20berries%20and%20flowers%20of

White, A. (7. März 2019). *Dry mouth remedies: Home and natural remedies that work*. Healthline. https://www.healthline.com/health/dry-mouth-remedies#remedies

World Health Organization. (o. D.). Catalysing ancient wisdom and modern science for the health of people and the planet. WHO Global Centre for Traditional Medicine. https://www.who.int/initiatives/who-global-centre-for-traditional-medicine/#:~:text=88%25%20of%20all%20countries%20are%20estimated%20to%20use,herbal%20medicines%2C%20acupuncture%2C%20yoga%2C%20indigenous%20therapies%20and%20others.

Wiki Contributors. (9. August 2021). *Herbalism*. Wikidoc. https://www.wikidoc.org/index.php/Herbalism

Yarrow. (11. Juni 2021). RxList. https://www.rxlist.com/yarrow/supplements.htm

Zimlich, R. (11. November 2021). *10 home remedies for bronchitis.* Healthline. https://www.healthline.com/health/home-remedies-for-bronchitis#home-remedies